U0808840

《岭南文化书系》编委会名单

主　任　林　雄

副主任　顾作义

主　编　饶芃子　蒋述卓

编　委　詹伯慧　林伦伦　林有能　刘启宇　倪　谦
黄　挺　李克和　左鹏军　宋俊华　谭元亨
吴永章　赖寄丹　韩中伟　徐义雄　史小军

《客家文化丛书》编委会名单

主　编　邱国锋　曾令存

编　委　韩小林　房学嘉　温昌衍　肖文评　罗迎新
　　　　魏明枢　宋德剑　林爱芳　李　君　杜光宁

岭南文化书系
客家文化丛书

客家竞技

杜光宁　卢志成　编著

暨南大学出版社
JINAN UNIVERSITY PRESS
中国·广州

图书在版编目（CIP）数据

客家竞技/杜光宁，卢志成编著．—广州：暨南大学出版社，2015.7
（岭南文化书系·客家文化丛书）
ISBN 978－7－5668－1482－1

Ⅰ. ①客… Ⅱ. ①杜… ②卢… Ⅲ. ①客家人—体育—文化—介绍—中国 Ⅳ. ①G852.9

中国版本图书馆CIP数据核字（2015）第136216号

出版发行：暨南大学出版社

出 版 人：徐义雄
责任编辑：黄少君
责任校对：刘舜怡

地　　址：中国广州暨南大学
电　　话：总编室（8620）85221601
　　　　　营销部（8620）85225284　85228291　85228292（邮购）
传　　真：（8620）85221583（办公室）　85223774（营销部）
邮　　编：510630
网　　址：http：//www.jnupress.com　http：//press.jnu.edu.cn

排　　版：广州市天河星辰文化发展部照排中心
印　　刷：深圳市新联美术印刷有限公司

开　　本：787mm×1092mm　1/16
印　　张：10.25
字　　数：168千
版　　次：2015年7月第1版
印　　次：2015年7月第1次

定　　价：46.00元

（本书所涉个别图片，如属个人版权，见书后请函告出版社，以便支付薄酬）

岭南文化书系·前言

五岭以南，素称岭南，岭南文化即岭南地区的人民千百年来形成的具有鲜明特色和绵长传统的地域文化，是中华文化的重要组成部分。由于偏处一隅，岭南文化在秦汉以前基本上处于自我发展的阶段，秦汉以后与中原文化的交流日益频繁。明清以至近代，域外文化不断传入，西学东渐，岭南已经成为传播和弘扬东西方文明的开路先锋，涌现出了如陈白沙、梁廷枏、黄遵宪、康有为、梁启超、孙中山等一大批时代的佼佼者。在20世纪70年代末开始的改革开放的浪潮中，岭南再一次成为试验田和桥头堡，在全国独领风骚。

在漫长的发展过程中，岭南文化形成了兼容、务实、开放、创新等诸多特征，为古老的中华文化的丰富和重构提供了多样态的个性元素和充沛的生命能量。就地域而言，岭南文化大体分为广东文化、桂系文化、海南文化三大板块，而以属于广东文化的广府文化、潮汕文化、客家文化为核心和主体。为了响应广东省委、省政府建设文化大省的号召，总结岭南文化的优良传统，促进岭南文化研究和传播的繁荣，在广东省委宣传部的指导和大力支持下，暨南大学出版社组织省内高等院校和科研机构的专家学者编写了这套《岭南文化书系》，该书系由《广府文化丛书》、《潮汕文化丛书》及《客家文化丛书》三大丛书共30种读本组成，历史胜迹、民居建筑、地方先贤、方言词曲、工艺美术、饮食风尚无所不有，试图从地域分类的角度完整展现岭南文化的风貌和精髓。在编写过程中，我们力图做到阐述对象的个性与共性相统一，学术性与通俗性相结合，图文并茂，雅俗共赏。我们希望这30种图书能够成为介绍和宣传岭南文化的名片，为岭南经济和文化建设的再次腾飞提供可资借鉴的精神资源。

需要说明的是，本书系曾获批为2009年度“广东省文化产业发展专项资金”资助项目，在项目申报和丛书编写过程中，广东省委宣传部的领导多次给予指导，并提出了许多宝贵的意见；中山大学、华南理工大学、华南师范大学、广州大学、韩山师范学院、佛山科学技术学院、韶关学院、嘉应学院以及暨南大学的有关领导和专家学者也给予了大力支持和帮助，在此我们一并致以诚挚的谢意！

《岭南文化书系》编委会

2011年6月18日

客家文化丛书·序

在岭南三大民系中，“客家”被称为汉民族中的“吉普赛”。晚清诗人黄遵宪对此曾作过诗意表达：“筚路桃弧辗转迁，南来远过一千年。”在岭南，相对于位居邻海平原的潮汕民系、坐拥肥沃三角洲的广府民系，客家民系就没那么得天独厚了，它们大都盘踞在山区丘陵乃至层峦叠嶂之中，所谓“逢山必有客，无客不住山”。而从民系的历史文化与语言风俗看，客家民系也与它们明显不同。客家学界有“大中华，小客家”的说法，其中强调的是作为民系及其历史和文化的客家与华夏民族及其文明的传承关系。诚如黄遵宪所吟诵的：“方言足证中原韵，礼俗犹存三代前。”

近三十年来，由于各种原因，在中国内地曾经一度沉寂的“客家”不断受到热捧，并涌现出大量的文章著作。但是，由于各自著述的动机与立场不一，加之学风机巧浮躁，致使本来对“客家”有些陌生的外界因此更加模糊。这种情形，一方面说明丛书编撰的重要性与迫切性，另一方面也为我们的工作增加了一定的难度。基于这一背景，为了保证丛书的质量，我们组织了一批不乏高度与视野，同时又对各自负责的选题有一定积累和研究，且能够充分体现嘉应学院在客家研究领域的水平与影响的作者阵容。对于丛书选题的提炼，则在避免每个选题之间简单重复与拼凑的同时，更多地考虑这些选题之间的内在关联及其对客家历史人文整体风貌的不同侧面展示，尽量覆盖客家的语言风俗、文化教育、山水自然、村落民居、饮食习俗、民间文艺、侨人侨商、足球体技等物质文化与非物质文化领域，并注意在内容展

开过程中引带出能够体现客家历史人文内涵的标志性人物、事件和物象。同时，考虑到丛书的阅读对象与传播影响，在编撰风格上，我们力求雅俗共赏，介绍性文字简洁、通俗但不失生动，延展提升性文字具有一定的内涵。

丛书的出版，除了要感谢各选题作者付出的辛勤劳动，嘉应学院科研处、文学院（客家学院）、客家研究院等单位的关心和支持外，还要感谢广东省社会科学界联合会林有能副主席、暨南大学出版社徐义雄社长的理解和信任，特别是出版社史小军总编辑、李艺主任在编撰过程中提出的宝贵意见和建议。

邱国锋　曾令存

2015 年 5 月 30 日于梅州

目　录

一　客家体育与竞技

竞技不能等同于体育。人类竞技活动一旦具有体育意识，竞技就融入体育，再也不能分开（胡小明语）。因此，要了解客家竞技，就不能不了解客家体育。

（一）客家体育与竞技概述

客家是指历史上南迁汉人与闽粤赣交界地区的土著融合而形成的一个汉民族族群，主要分布在赣南、闽西、粤东三角地区以及四川、云南、香港、台湾等地区，人口约为8000万。其中闽粤赣三角区为客家大本营。客家作为汉民族的一个族群，其形成的历史原因和独特的地理环境，使现在的客家地区还保留着许多独具特色的体育活动，这些体育活动具有其自身的体育文化特征，反映了客家人的精神与文化。这些体育活动大致有以下五类。

1. 武术

武术主要有昆仑拳、刁家拳、岳家拳、朱家教。昆仑拳：该拳派源于河南省，流布于闽粤地区，其中以丰顺县最为盛名。刁家拳：相传为客家先民抵达江西之后创立，后来流入闽西、粤东等地，再传刁家兄弟，以梅县、兴宁最为著名。岳家拳：相传由岳飞所创，100年前由湖南经其后裔传入粤东，其中以梅县地区最盛，当地称其为“一盘珠”。朱家教：主要流行于兴宁县，该武术流派融会了不少“北腿”的内容，是一种较为全面的拳术。

2. 民俗体育

客家地区比较普遍的民俗体育娱乐活动有两种，即灯舞和狮舞。

客家地区的许多地方都有在元宵节前后表演灯舞的习俗。灯舞有花灯、茶灯、马灯、船灯、龙灯之分，表演时以规范化的优美动作，配上打击乐多变的节奏，具有体育舞蹈的性质，是一种体育娱乐活动。狮舞表面上是在乡村举行重大仪式时表演的一种节日民俗艺术，但其实质却是武艺表演和杂技表演。

3. 体育杂耍

客家地区的一些宗教仪式中蕴含有许多原始体育杂技的成分。最常见的有甩碗、上刀山、过火海、迭灯等。

4. 体育游戏

客家地区民间的体育游戏主要有两种：①民间的角力。在客家地区，角力是农村中较为普遍的一种体育游戏，因为这种活动的开展不必特制运动器具，对运动场地也没有要求，随时随地都可以进行。②放风筝。农历九月初九重阳节，客家地区有登高的习俗，当天许多大人和小孩会在山顶选择空旷的场所放风筝。

另外，在梅州的乡村还有投掷类体育游戏。梅县松源王姓与郑姓以松源河相隔而居，旧时每年端午节，两村村民都要在各自村庄的河边往对岸相互扔石头，直至有人被石块打伤流血，双方才大快而归，相邀到镇上的酒馆喝酒庆贺。

5. 现代体育项目

随着中国的现代化发展，大量西方现代体育传入客家地区。有些项目由于传入较早、民众参与广泛、运动水平较高，在一些地区成为当地客家人最为喜爱的体育运动，如足球运动。足球自 1873 年率先传入梅州后，在各种社会力量的作用下，成为梅州人民最喜爱的运动，梅州也以“足球之乡”闻名中外。

（二）客家体育与竞技的基本特征

1. 地域性

地理环境在很大程度上决定着体育文化的内涵，直接制约着某些体育项目的空间布局。

客家地区还有一些带有极强地域烙印的体育项目，如九狮拜象、提灯、舞龙等，有些是其他地区所没有的；即使是与其他地区相同的体育项目，也有其自身的地方特色。如舞龙，北方的龙舞、龙灯舞均属“健舞”、“武舞”，舞得虎虎生威。而梅州客家的舞龙则显得轻快、洒脱、飘逸，彩带纷飞，柔中寓刚，适合在山区地势不平、场院小的环境中活动，富有浓郁的山区舞蹈特色。南北方的地域差异，使得同一种运动项目在各地分化出丰富多彩的流派，也体现了当地人的文化心理特征对体育活动造成的影响。

2. 移民性

客家社会是一个移民社会，客家人是历史上北方移民与南方土著融合的产物。人是文化的载体，北方汉人的南迁，一方面形成了人的流动，大量的北方人来到客家山区，推动了客家山区社会经济的发展；另一方面，北方汉人的南迁也将大量的北方汉文化输入客家地区，使客家地区的很多文化事项烙上了浓厚的移民文化印记，体育文化也不例外。因此，客家地区的很多体育活动都带有浓厚的移民性。例如，客家地区现在保留的武术流派昆仑派就源于河南省，而源于长江流域的划龙舟，在现在的客家农村地区也是一项很重要的群众体育活动。

3. 宗教民俗性

自然环境的封闭、交通的落后、经济的不发达等因素，使得客家地区传承了大量的中华民族传统文化，因而客家文化也被誉为“中国传统文化的活化石”。作为客家文化重要组成部分的客家传统体育活动，凸显出宗教民俗性这一特征，这表现在很多客家传统体育活动都与客家地区保留的宗教活动、民俗活动有不可分割的交融关系。如客家地区香花佛事中的打莲池、迭灯，迎神庙会中的上刀山、过火海等。

4. 生产实用性

客家“山居”的自然环境，使人民面临着有限生存资源的竞争和山林野兽的威胁，以及土匪暴乱的危险。自然条件、社会条件的恶劣使得在传统社会中不同姓氏为了争夺生存资源，如山林、水源等，而

经常发生械斗，特别是一些小姓弱房，如果单纯依靠群体的力量，根本无法从事正常的生产、生活。在这种情况下，某一个或某一小群人的高超武术往往成为一个姓氏、一个房派的重要支柱。因此，对英雄的幻想和借武防卫就成为一种普遍心理，在这种心理支配下教习武艺遂成为乡村盛行的社会风气，因而在客家传统体育活动中处处流露出客家人对基于生产、生活保障的“武术”的重视，如不同武术流派的流传及狮舞、宗教体育活动的武术技击的呈现等等。正是这种生产、生活的实际需要，使得客家传统体育呈现出生产实用性的特点。

（三）客家体育与竞技的主要功能

1. 健身功能

与其他地方的体育一样，不论是现代的还是传统的客家体育都是以身体活动的方式进行。体育使人在愉悦身心的运动中承受一定的生理负荷，促进体能的发展和体质的增强，是维系人类生存的保证之一。客家人在漫长的社会劳动、生产实践中逐步发展出各具特色的体育运动项目，如跳绳、武术、踢毽子等，都具有显著的强身健体功效。人们在参与这些活动的过程中，不仅发展了体能，保证了健康，而且精神上得到满足，意志上得到锤炼。

2. 娱乐功能

客家体育丰富的文化特征赋予了其强烈的娱乐性。人们在闲暇时间参与体育活动，可丰富社会文化生活，使自身身心愉悦、精神饱满。这既是人类生存、享受和发展的基本要求，也是客家体育项目不断丰富和发展的动力源泉。长期以来，对于生活在条件艰苦、较为偏远又相对封闭的山区的客家人而言，体育是他们重要的休闲、娱乐方式，许多活动都是通过自娱自乐的消遣和游戏方式进行的，如流行于儿童中的跳房子、打水漂等，具有典型的娱乐特征。

3. 教育功能

体育的教育功能早已存在，据《中国古代教育史》载，原始社会，“氏族公社成员们除在生产实践中受教育外，又在政治、经济和文化活动中受教育，他们利用游戏、竞技、舞蹈、唱歌、记事符号等进行教育”。客家体育本身就产生于生产、生活，客家人也极为重视体育在生产、生活中的教育作用，并在体育活动中对下一代进行生产、生活技能的传授和教育。或通过祭祀活动、戒度仪式、成人礼仪等形式教育族人，如丰顺的火龙；或以参与战争、保长卫幼、相互帮助的形式进行社会道德规范教育，以形成人们良好的思想品质和诚实、勇敢、坚毅的民族心理素质，如福建南靖县书洋乡简氏一族在北伐战争中组织本族习武青年帮助北伐军讨伐军阀；或将客家体育项目引入现代学校教育，丰富学校体育课程内容，如嘉应学院在课程中设置毽球、舞狮项目等。

4. 社交功能

客家体育是一种具有群体性的社会互动活动，使人们在一定的游戏规则和社会规范约束下，拓宽社会人际交往的渠道，发展良好的人际关系。它可消除客家各族群间因地理环境、血缘关系、语言、风俗习惯差异带来的隔阂，成为客家地区人民感情交流的社会媒介，从而在一定程度上满足不同村落、不同宗族、不同层次、不同单位人群的社交需要。例如，在梅州地区，足球已成为人们社交、联络感情的极为重要的手段。

5. 文化传承功能

体育是文化的外在显现，一个民族或族群的文化（或精神）往往可通过体育来展现。具有浓郁文化内涵的客家体育活动，在深层次上反映的是客家人的文化和精神。客家人崇文重教，客家体育成为客家文化的一个重要传承方式。通过各种类型的体育活动，将体育中所隐含的该民族（族群）的制度习俗与心理价值趋向等进行有效的传承，从而达到文化传承的目的。客家体育是客家人在长期的历史发展过程中积累保存下来的反映客家人意识的文化活动，其多数体育活动来源于生产、生活，是记载和保留该民族文化的重要形式与载体。

二 客家足球

“南慕容，北乔峰”，是金庸小说对江湖中两位绝世高手的尊称。在20世纪50—80年代，中国足坛亦有两大“高手”屹立于“江湖”之中，人称“南梅县，北大连”，或称“北有足球城（大连）、南有足球乡（梅县）”。梅州乃客都，梅州足球有如此“江湖地位”的原因是多方面的，1956年国家体育运动委员会授予梅县“足球之乡”称号，1964年梅县被确定为全国开展足球运动的10个重点市县之一，1979年梅县地区被确定为全国16个足球重点地区之一，更重要的是梅州拥有足球竞赛与人才培养的优势。

（一）足球之乡的起源与背景

1. 梅州足球的起源与发展

1840年鸦片战争后，现代足球经英国殖民者传入香港。巴色会传教时吸收了五华长布籍的中国教徒张复兴、徐复光、曾兴等人，并通过他们对华传教。他们率先在五华成立教会，并将足球传入五华。

1873年，巴色会派遣德国人毕安、边得志在现在的梅州市（1985年之前称为梅县地区）五华县长布镇元坑村创办教会学校——中书馆（后称元坑中学）。当时元坑中学的教室、校舍等欧式建筑错落有致地分布在山腰和山上。该校针对山坡陡峭的地势，从校园左侧起修建了一条3米宽、400米长的环山跑道；在山脚下的山坳里，有三面环山的草坪操场，在草坪操场两端用木料搭成球门，由边得志教授学生踢足球。现代足球技术从此正式传入中国内地，同时开了梅州足球运动的先河。此后，足球运动开始在梅州各县逐渐开展，至民国时期在五

华县、梅县、兴宁县、蕉岭县等地已有较为广泛的开展。清末民初，在梅州，不论是在校学生、城镇儿童，抑或是乡村儿童，皆在踢球。无橡皮球之时，他们常将柚子摔软，以棉布或棉纱裹成球代替，在河滩、禾坪、割完稻谷的稻田上，以竹竿、砖头、石块或衣服作门踢球。村镇上也常有足球比赛，村民或村落或族姓组队参赛。至20世纪20年代末30年代初，在各方的努力推动下，梅州的足球运动已得到相当的发展。1931年，梅州举办了首届梅州足球锦标赛，即“抗日救国鼎”足球冠军赛，共吸引了13支球队参赛，最终梅县强民足球队获得冠军。次年，梅县强民足球队受邀访问汕头，其间以2：1击败驻汕头的英国轻巡洋舰足球队，开创了梅州足球队首次与外国球队比赛并获胜的新纪录，在汕头各界引起较大轰动。1935年梅县政府决定派以强民足球队骨干为班底的梅县代表队参加第十三届广东省运动会。然而，赛前这支“乡下足球队”并不被看好，以至于最后当梅县足球队以2：0击败赛前一致被看好的由足球健将李惠官兄弟领衔的汕头队获得冠军时，一位广州球迷从人群里挤出来嚷道：“我们以为你们是乡下球队，不料山沟里能够出凤凰。”经此一役，梅县足球在广东声名鹊起，并在此后的一些重大比赛中继续获得胜利。例如，1936年访港战胜英国驻港海军足球队；1937蝉联第十四届广东省运动会足球比赛冠军；1941年获省“汉魂杯”足球赛冠军；五华县在1947年与三水县并列第十七届广东省运动会足球比赛冠军。与此同时，梅州涌现出一批知名足球运动员，如李惠堂、曾雪麟、林育城、杨霞荪、罗波、余荣江、张崇楷等，其中被称为“球王”的李惠堂更是在国际上享有一定的知名度。正是基于此，1956年，国家体育运动委员会授予梅州“足球之乡”的称号，而梅州足球也由此在中国足球发展史上占据了相当重要的地位。

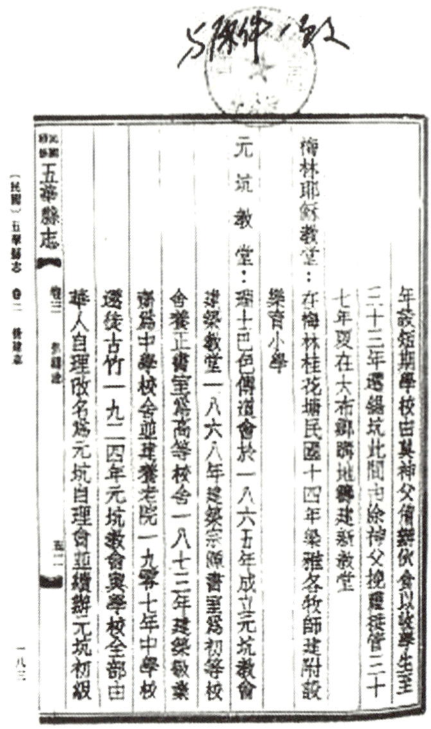

民國 五華縣志 卷三

年設短期學校由某神父備辦伙食以膳學生至
二十三年遷錫坑北間由徐神父接辦管二十
七年夏在大布鄉購地籌建新教堂
梅林耶穌教堂：在梅林桂花塘民國十四年梁雅各牧師建附設
樂育小學
元坑教堂：瑞士巴色傳道會於一八六五年成立元坑教會
建築教堂一八六八年建築宗源書室爲初等校
舍養正書室爲高等校舍一八七二年建築敬業
齋爲中學校舍並建養老院一九零七年中學校
遷徙古竹一九二四年元坑教會與學校全部由
華人自理改名爲元坑自理會並續辦元坑初級

五二

一八三

《五华县志》（1947 年编纂）关于元坑教堂的叙述[①]

新中国成立前拍摄的中书馆校舍，当时学校的建筑呈 19 世纪欧洲风格

① 本章所用照片皆来源于梅州市政府 2013 年《中国体育非物质文化遗产保护与推广城市申报书》，后不再标注。

毕安（生卒年不详）

边得志（生卒年不详）

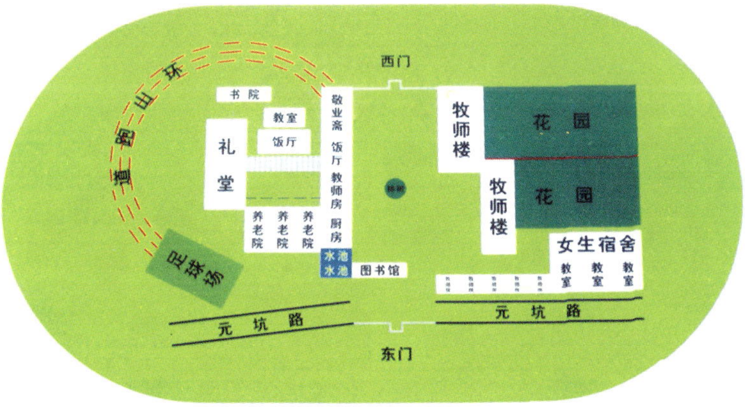

中国内地现代足球发源地——长布·元坑旧址平面图

中国内地现代足球发源地竖碑揭幕

1932 年远征汕头的强民足球队队员们

1935 年，梅县足球队首次登上广东省运动会足球比赛冠军宝座

1936 年蝉联广东省运动会足球比赛冠军的梅县足球队合影

2. 梅州“足球之乡”形成的社会动因

清末至民国时期，梅州既不是港口城市，亦非商业重埠或近代工业基地，而是以传统耕种业为主的山区，现代足球何以能在此迅速发展，并形成“足球之乡”呢？这绝非偶然，而是有其深刻的社会动因。

（1）现代教育兴起，学校足球盛行。

中国传统社会长期存在一种崇文抑武的社会价值观，在宋明时期竟然出现了“羞与武夫齿”的极端文化现象，导致整个社会文弱之风盛行。直至鸦片战争打开中国的国门，国人被扣上“东亚病夫”的耻辱称号，一批仁人志士才开始掀起一股“师夷长技以制夷”的“西学东渐”浪潮，并意识到除了坚船利炮外，西方的文化教育，特别是体育也是强国强种的有效手段。由此，中国开始兴办现代教育，西方近代体育开始进入学校，成为学校教育的重要内容，其标志就是 1904 年清政府颁布的具有近代意义的学制——《奏定学堂章程》。至民国时期，尽管存在不同体育思潮的论战和土洋体育之争，但随着现代教育在中国的发展，在西方近代化基础上产生的西方近代体育已在学校逐渐开展，尤其是田径以及各种球类项目已在诸多学校盛行。自此，西方体育成为中国体育发展的基础，西方近代体育在学校的盛行，不仅为近代中国体育的重构打下了基石，也为西方体育在中国社会化、大众化构筑了坚实的基础。

一般而言，如果一个国家或地区社会安定并且经济发达，那么其教育事业也会较发达。民国时期，由于国弱民穷、社会动荡，中国的教育事业总体落后。然而，梅州是客家人的聚集地，“崇文重教”之风盛行。虽然地处偏僻之地，但即使在社会动荡的民国时期，当地教育事业也极为发达，在全国处于领先的地位。早在 1921 年，仅梅县就有男、女师范学校各 1 所，中学 4 所，中学生逾 3000 人，这是当时全国唯一一个中学生达 3000 人的县。据统计，至 1949 年，梅州全市共有小学 2464 所，学生 188849 人；中学 75 所，在校学生 21126 人。“按照人口比例来说，不但全国没有一个地方可以和它相比较，就是较之欧美各国也毫不逊色。”对此，曾在梅州传教 20 余年的法国天主教神父赖里查斯作出如此评价。

更为难得的是，梅州虽地处偏僻的粤东地区，但深受这股“西学东渐”浪潮的影响，在教会组织、革命志士、华侨等各方力量的传播与推动下，梅州的各类学校大多都开设了体操课程，设有简易的体育场地，广泛开展课外体育活动。特别是足球运动，在民国初年就已在各中小学广泛开展，足球比赛“在乡村小学间很早就举行”了。而最为有名的学校足球比赛莫过于梅县县城四所学校——梅州中学、东山中学、乐育方言学校（教会学校，即现在的梅江区乐育中学）和广益中学（教会学校）相互间的比赛。在五华县，民国初年，锡坑、华城、水寨、横陂、华阳等镇的中小学校都广泛开展校园足球运动。据现年 92 岁高龄的五华县长布镇曾庆岳老人回忆，其在中书馆读高小时（约在 1922—1923 年间），“……还专门设有体育课，每个星期两节，但踢足球是每天都有的课外活动内容之一”。

高度发达的基础教育，学校足球的盛行，使现代足球知识和技能无论在深度还是广度上都在梅州社会迅速普及。深度普及主要是指人们对足球知识的认知程度提高、关注程度加深，踢足球技能提高等；广度普及是指掌握足球知识和技能的人数、人群的增加，既可能影响在校的学生，也可能影响家长、社会各界人士。可以说，学校足球为足球运动在梅州的社会化、大众化构筑了坚实的基础。

（2）结社成风，足球组织推广。

长期以来，由于专制统治，在中国“谈群色变”，民间组织的发展受到了极大的控制，即使有，也大多是以地缘或血缘为纽带的结社。鸦片战争后，中国开启了现代化的进程，由于“国家”式微不能满足社会日益兴起的治理和服务要求，民族资本主义的兴起对自主性的要求，以及“西学东渐”浪潮中合群结社思潮的影响，中国社会开始出现一股结社风潮，民间组织获得难得的发展机遇。无数志士仁人开始将建立同志团体当作改造社会、追求自治、挽救危亡的一种方式。据估算，辛亥革命之前，仅商会、教育会、农学会就有 2000 多个。至民国时期，社会组织成长所需的公共舆论空间、社会传播媒介、政治意识形态和法律制度环境都获得了巨大的发展，社团组织更是得到了跳跃式发展。据 1946 年国民政府社会部的统计，仅登记注册的民间社团就有 4. 6 万个，其中，行业或职业性团体，如农会、工会、渔会、工商业团体有 4 万多个；文化、宗教、慈善、公益、体育卫生、妇女活

动等领域的团体有5000多个。一时，合群结社在清末民初蔚然成风。“人们根据利益、兴趣、爱好、目标和信仰，找到了知己和同路人，社会正由一个以血缘亲疏为关系尺度的宗族社会向以一定的旨趣为离合准绳的社会过渡。”大量以群体利益为基础的社团如雨后春笋般纷纷涌现，在推动社会自主性发展方面作出了突出贡献。例如，以开发民智、传播新知为标榜的读书会、读报会；以移风易俗为宗旨的戒烟会、不缠足会。足球组织则有南华体育会（1908）、上海乐华体育会（1926）等，它们对推动足球运动的普及、促进近代中国足坛技战术的形成、举办各项足球大赛、培养足球人才等作出了重要的历史贡献。

梅县强民体育会源于1929年成立的强民足球队，它的出现改变了以往足球组织以学校、族姓为中心的建构方式，在梅州足球的发展史上具有深远的影响，主要有以下四点：

一是提高了梅州足球运动的水平。强民足球队成立后，率先开始对球队实施较为系统的日常训练：①专项身体训练，如“气脉”（即体力、耐力）、脚头（腿部力量）；②技术训练，如传球、射门；③战术训练，如小组传切配合、分组对抗比赛等。这些训练内容在今日的足球训练中乃极为平常之事，但在大多数人仍处于“踢野球”阶段的早期梅州足球中是极为难得的，对梅县足球整体运动技术水平的提高具有重要意义，并为其日后取得的一系列胜利奠定了基础。

二是推动了梅州足球由学校走向社会。1934年3月，基于人数迅速增加及为梅州足球、社会作出更大贡献，梅县强民足球队改名为梅县强民体育会，并制定了章程，选出了以温集祥为会长的理事会，成为正式的体育社团。梅县强民体育会成立后，除一如既往地组织、训练强民足球队外，还开展篮球、排球、乒乓球甚至演戏等多种文体活动，并在西阳、丙村、松口等乡镇设分会，积极推广足球运动。同时在梅县县城按街道发动群众组织足球队，如大康路成立大康足球队，凌风路组织凌风足球队。一时，梅州足坛结社成风，出现了众多足球队或体育组织。例如，以乐育方言学校学生为主体组成的“育强”体育会，以社会青年为主体组成的“梅风”体育会。至此，在梅县强民体育会的推动下，梅州足球运动开始从学校走向社会各阶层。

三是提升了梅州足球的知名度与社会影响力。通过参加对外足球交流及在一些重要的足球比赛中获得胜利，梅州足球在社会上的知名度及影响力大大提升。

四是培养后备人才。强民体育会极为重视足球后备人才的培养，并于 1938 年起组建了若干个“百磅”足球队（由体重在一百磅以下的青少年组成），对其进行专门培养。这一举措吸引了众多青少年和儿童加入强民体育会，培养了大批优秀的足球人才。20 世纪 50 年代的一些著名球员，如曾雪麟、林育城、杨霞荪、罗波、余荣江、张崇楷等均出自“百磅”足球队。

（3）侨资助力。

中华民族自古就有移民海外的历史，但历朝历代对移居海外的侨民，即华侨的政策却不尽相同。清代，清政府一直视华侨为“叛逆”。鸦片战争之后，清政府的闭关锁国政策被迫终止，开始与欧美列强开展政治、经济、文化等各方面的交流。基于海外华侨人数猛增，且其在侨居国的经济地位已确立并发挥着愈来愈重要的作用的现实，再加之出于自身经济、政治方面的考虑，清政府于 1899 年开始在福建等沿海各省相继建立保商局，专门保护归国华侨及海外华侨。清政府的侨务政策开始从敌视华侨到重视保护华侨，甚至鼓励人民出洋谋生转变。由此也大大激发了海外华侨的民族意识与爱国热情，促使他们纷纷以投资或捐赠的形式参与祖国的近代化建设。可以说，在中国的近代化进程中，华侨扮演了极为重要的角色，尤其是在经济建设方面，以至于有人说“华侨是中国经济的输血针”。

梅州是我国的重点侨乡。早在 1644 年即有人到海外谋生或避难，但由于长期的闭关锁国政策，人数并不多。清末侨务政策的改变，使梅州各县乡民开始大量出洋，并使梅州在民国时期成为全国著名的侨乡。根据 1953 年统计的数据，梅州各县如梅县、大埔县、丰顺县、蕉岭县的旅外华侨数分别为 22. 1 万、8. 26 万、5. 4 万和 2. 5 万，占了当时各县人口的 31. 2%、25. 9%、12. 4% 和 14. 47%。梅县华侨几乎遍布每个村落。

虽然梅州各县乡民出洋是基于国内外各种政治、经济、社会“推力”和“拉力”的影响，但“番邦赚钱唐山使”是梅州华侨漂洋过海的初衷。因此，绝大多数梅州人在海外事业有成后都源源不断地汇款回家改善家庭生活及支持家乡建设。据 1941 年版的《梅县要览》记载，抗战前，梅州 70% 以上的侨眷靠华侨汇款接济。1929 年梅县全县

侨汇达5000多万元，1930年则达7000多万元。大量的侨汇为梅州社会各项事业的发展作出了巨大的贡献，这其中自然包括足球运动事业。

众所周知，足球运动的开展，除了人们喜爱足球外，还需要有一定数量的足球及足球场地这两个基本物质条件，否则足球运动将会是无源之水。清末民初，由于社会动乱，国家的经济发展水平极低，大部分人仍处于饥饿边缘，因此，全国范围内，除一些大城市有正式的足球及足球场地外，小城市及乡村难以见到正式的足球及足球场地。对于经济并不发达，地处僻远山区的梅州来说，缺乏正式的足球及足球场地实乃正常之事。但由于有了大量的华侨，梅州足球运动发展所需的两个物质条件得到了基本保障。

华侨对当地足球运动的助力主要有以下三方面：

一是提供足球。华侨或侨眷归国访乡时均会带回大量的足球或各种大小不同的类似足球的橡皮球，深受儿童喜爱。即使是在穷乡僻壤，儿童也有可能获得足球，并从小参与足球运动。可以说华侨带回的“手信”——足球及各类橡皮球，为梅州足球的发展提供了第一种物质基础，使梅州城镇、乡村的儿童能够从小接触、认识足球及足球运动，并激发他们热爱足球、参与足球运动的热情。例如，1912年，梅县西阳镇耕和村的归侨丘建华从印尼带回足球赠予该村的青少年练习后，足球运动在西阳迅速发展起来。

二是兴建体育场。1934年，梅县松口镇几位华侨富商捐资2万元（银圆）在东较场兴建了一个长250米、宽196米的大型体育场，体育场四周建有水泥栏杆，正中为一大型足球场，向西建有壮观的大门。体育场建成后命名为梅县公共体育场（1949年后更名为“梅县人民体育场”）。1946年梅县举行首届运动会，需修整梅县公共体育场，共需工程费用165万元，亦是由众华侨慷慨解囊。修整后的梅县公共体育场由1个标准足球场及5个训练场组成。此后，梅县公共体育场历经多次修整、改造，一直沿用至今。可以说，由华侨捐赠兴建的梅县公共体育场成为民国时期梅州足球人才培养的摇篮。

三是提供活动经费。民国时期，政府只拨少量体育活动经费，梅州足球活动经费绝大多数由民间资助，遇有重大比赛，所需费用都以募捐的形式筹集，而华侨自然成为资助的主体。当时球队比赛的一切经费均由槟榔屿寄来。例如，1946年，刘宜应、刘家琪等华侨捐资1

万元（港币）作为强民体育会基金；1947 年 5 月，梅县参加在广州举行的第十五届广东省运动会，经费不足，亦得到了海外华侨的资助。

（4）精英引领。

历史唯物主义认为人民群众创造历史，但也高度肯定精英人物对历史发展的重大作用。正如普列汉诺夫所言："千百个平凡的天文学家代替不了哥白尼或牛顿。千百个平凡的音乐家也不会使人们获得贝多芬、舒曼、肖邦给人们的那种享受。"精英人物不可能随心所欲地创造历史，但作为"更高意义上的人"，他们的确可以把握契机、洞察动向，在客观现实条件许可的范围内，深刻影响乃至改变历史的进程，这即所谓的"英雄造就时势"。

根据社会学家帕雷托的解释，精英是指那些凭借自身能力在社会实践中获取了政治、经济、文化等一个或多个方面优势资源的人；也指那些在某一领域具有杰出能力或特殊才能的人。民国时期，为救国图存，中国在政治、经济、文化、教育、体育等各领域出现了大批精英，大至伟人小至无名的地方乡绅等，他们在不同领域、行业、区域引领着中国的现代化进程。如政治领域有以孙中山为首的革命党人，教育领域有蔡元培，体育领域有董守义等。作为中国现代化发展的产物，民国时期梅州足球领域同样也有一批精英，他们凭借在社会中的资源优势，或杰出的才能、技能，引领着足球运动的发展。这类精英大致有以下三种：

一是具有现代教育理念的校长。校长是一所学校的领航者，其办学理念直接影响一所学校的办学质量。其是否具有现代教育理念，是否重视体育，往往决定了一个学校体育的开展情况。我国最早接受现代教育和现代体育理念，认为"不懂体育的人不应该当校长"的张伯苓先生，其执掌的天津南开中学学校体育就极为盛行。所幸的是，民国时期梅州教育发达，也有一批具有现代教育理念的校长，在学校引领足球运动的开展。例如，1913 年，英

万保全（瑞士人，梅县乐育方言学校第五任校长，原德国国家足球队队员）

文教师卢柏廷在东山中学积极倡导、训练足球。1917 年，黎贯任梅州中学校长，他极力提倡体育运动，尤其是足球运动，先后聘归国华侨郑新贵和余克辉为教练员组织和训练足球队。1914 年，受德瑞巴色会派遣，曾参加过德国国家足球队的瑞士人万宝全（Walter）出任梅县乐育方言学校校长。任职期间，万宝全在乐育方言学校积极倡导足球运动，亲自教授足球知识和技能，组织了梅县四所学校的足球赛事。1915 年美国牧师汲平如任广益中学校长，在校内积极开展各种西方近代体育运动，足球运动是重要项目之一。

20 世纪 20 年代的梅县乐育方言学校

二是卓越的社团领导者。民国时期，在梅州足球发展过程中曾出现众多的足球组织，但最后，大浪淘沙，仅有梅县强民体育会幸存并对梅州足球的发展起着巨大的推动作用。究其原因，强民体育会有一批卓越的社团领导者，尤其是担任 50 余年会长的温集祥。温集祥是印尼归国华侨，“留洋”的经历使其阅历丰富，更具现代意识。他加入强民体育会后，采取了一系列措施发展壮大强民体育会，推动梅州足球发展：①制订较为系统的训练计划，认真探讨球队战术，使强民足球队的技战术水平迅速提高；

温集祥（1913—2008）

②适时将足球队改组为强民体育会，通过明确使命、制定章程、建构组织、筹措资金等一系列举措加强了组织建设，使其成为现代体育社团，迎合了社会发展的潮流；③具有战略眼光，重视培养后备人才，使梅州足球不仅在民国时期繁荣，而且在新中国成立后也能在国内占有一席之地。

三是“球王”李惠堂。梅州曾诞生过我国历史上最为著名的足球运动员，即被称为“球王”的李惠堂，他是足球精英中的精英。李惠堂对梅州足球发展的引领体现在两个方面。第一是抗战时期在家乡五华县锡坑老楼村教授青少年和儿童踢球，同时组建以老楼队员为班底的“锡江足球队”，在梅州各地巡回表演比赛，有力地推动了梅州足球的发展。第二是作为一种文化符号间接推动梅州足球的发展。高超的球技，传奇式的足球生涯，使李惠堂不仅仅是一名足球运动员，更是一种获得社会认同的文化象征符号。他代表了梅州足球的发展水平、梅州人民的足球生活、梅州足球在中国足球中的“江湖地位”。他犹如宗教中的图腾一样凝聚着家乡人民，调动大家对足球运动的狂热和支持。

李惠堂（1905—1979）

（二）南梅县，北大连

“南慕容，北乔峰”，是金庸小说对江湖中两位绝世高手的尊称。在 20 世纪 50—80 年代，中国足坛亦有两大“高手”屹立于“江湖”之中，人称“南梅县，北大连”，或称“北有足球城（大连）、南有足球乡（梅县）”。梅州足球有如此“江湖地位”的原因是多方面的，1956 年国家体育运动委员会授予梅县“足球之乡”称号，1964 年梅县被确定为全国开展足球运动的 10 个重点市县之一，1979 年梅县地区被确定为全国 16 个足球重点地区之一，更重要的是梅州拥有足球竞赛与人才培养的优势。

1. 各项竞赛成绩突出

新中国成立后，梅州足球开始走向全国，在一系列的足球竞赛中取得了众多优异的成绩。据统计，1951 年至 1987 年的 37 年间，梅州足球队（包括女子足球队）参加地区、省、中南区、全国各种比赛共 113 次，其中获得冠军 56 次、亚军 30 次、季军 9 次、殿军 7 次。

——1951 年，根据中华全国体育总会广东省分会的指定，梅县组织足球队代表广东省参加中南区足球比赛，获得第三名。

——1953 年、1954 年，梅县足球队 3 次参加广东省举办的足球赛，均获得冠军。

——1954 年起，鉴于梅县足球队连年比赛成绩突出，国家体育运动委员会指定由梅县单独组队参加全国省、市一级足球比赛。

——1954 年，梅县足球队参加在南昌举行的中南区大中城市球类对抗赛，获得亚军。

——1955 年，梅县足球队参加全国大中城市分区足球锦标赛。此次比赛分别在上海、天津、武汉、大连 4 个竞赛区同时进行，共有国内 24 个参赛单位，除梅县足球队外，其余队伍均来自大中城市，最终，梅县足球队以 6 战全胜夺冠，称雄中南各省（武汉赛区）。

——1956 年参加在北京先农坛体育场举行的全国八县足球对抗赛，梅县足球队夺得亚军。赛后，叶剑英、肖向荣、黄琪翔等领导接见了全体队员。

——1958 年梅县足球队参加广东省锦标赛，以 7 战 7 胜、进球 38 个、失球 4 个的成绩夺冠。

——1959 年第二届广东省运动会上，梅县足球队以 6 胜 3 平的战绩获得亚军。

——1964 年梅县东山中学夺得全国二十单位少年足球赛冠军。

——1966 年梅县足球队参加在厦门举办的全国乙级足球联赛，以 3 胜 3 负的战绩居第三名。

——1983 年 9 月梅县改称梅县市。同年，梅县市派出以梅县地区为主的 3 支少年足球队分别参加全国“希望杯”（南区）足球赛、“幼苗杯”（南区）足球赛、“萌芽杯”（南区）足球赛，3 支球队均出线晋京参加南北区决赛，分别获得第二名、第三名和第四名。《人民日报》还专门为此发表《梅县的启示》评论文章，指出：“一个县有三个少年儿童足球队同时晋京参加决赛，难能可贵，其拼搏精神要加以发扬。”

——1984 年梅县丙村小学获国家体育运动委员会举办的“萌芽杯”足球赛冠军。

——1987 年梅县东山中学获国家体育运动委员会举办的“幼苗杯”足球赛冠军。

1956 年 11 月 8 日梅县足球队夺得全国八县足球对抗赛亚军后于北京中山公园留影

1984 年梅县丙村小学获得全国“萌芽杯”足球重点地区决赛冠军奖杯

1984 年梅县丙村小学夺得全国“萌芽杯”冠军

1987 年 7 月至 8 月梅县东山中学在全国“幼苗杯”夺冠

1951—2012 年梅州市（含各县区）足球队参加省级以上各项足球比赛优胜成绩一览表

竞赛时间	足球赛名称	获奖单位	名次
1951. 10	广东省足球选拔赛	梅县	1
1953. 1	广东省足球选拔赛	梅县	1
1953. 1	广东省足球选拔赛	五华县	2
1954. 5	广东省足球锦标赛	梅县	1
1954. 5	广东省足球锦标赛	五华县	2
1955. 2	全国大中城市分区足球锦标赛（武汉赛区）	梅县	1
1956. 3	广东省足球决赛	梅县	2
1956. 6	广东省“钟声杯”足球赛	五华县	1

（续上表）

竞赛时间	足球赛名称	获奖单位	名次
1957.2	广东省足球锦标赛	梅县	2
1958.1	广东省足球分区赛（五华赛区）	五华县	1
1958.2	广东省足球锦标赛	梅县	1
1958.4	全国少年足球锦标赛（武汉赛区）	梅县	2
1959.3	第二届广东省运动会足球赛	梅县	2
1960.2	广东省足球锦标赛	五华县	2
1960.3	广东省足球锦标赛	梅县	2
1960.5	全国足球锦标赛（梅县赛区）	梅县	2
1961.12	广东省足球锦标赛	梅县	2
1962.10	中南协作区乙级足球联赛	梅县	2
1963.5	广东省足球锦标赛	梅县	1
1963.7	广东省少年足球赛	兴宁县	1
1963.9	全国乙级足球联赛	梅县	1
1964.6	中南区乙级足球联赛	梅县	2
1964.10	第三届广东省运动会足球赛	梅县	1
1965.8	广东省小学基层足球赛	兴宁县	1
1965.8	广东省少年足球赛	五华县	2
1966.5	全国乙级足球联赛	梅县	3
1974.8	第四届广东省运动会足球赛	梅县地地区	2
1975.8	广东省少年足球选拔赛	梅县地区	2
1976.5	全国十六单位少年足球分区赛	梅县	2
1978.8	第五届广东省运动会足球赛	梅县地区	3
1979.8	全国二十单位小学生足球赛	梅县	3
1979.8	全国中学生“三好杯”足球赛	梅县	3
1981.8	六省协作区少年足球赛	梅县	1
1981.8	全国“希望杯”足球决赛	梅县地区	3
1981.8	广东省少年足球锦标赛	梅县地区	1
1981.8	广东省传统项目学校足球赛（吴川）	梅县东山中学	1
1982.6	广东省女子足球调赛	梅县	1
1982.8	全国“希望杯”足球决赛	梅县地区	3
1982.8	第六届广东省运动会少年足球赛	梅县地区	1
1983.5	广东省第一届女子足球联赛（英德）	梅县	1
1983.8	全国“少先杯”南方十省足球赛（南昌）	梅县地区	1

（续上表）

竞赛时间	足球赛名称	获奖单位	名次
1983.8	全国“萌芽杯”足球决赛	梅县地区	3
1983.8	全国“幼苗杯”足球决赛	梅县地区	2
1984.8	全国“贝贝杯”足球决赛	梅县地区	2
1984.8	全国“萌芽杯”足球决赛	梅县地区	1
1984.8	全国“幼苗杯”足球决赛	梅县地区	2
1984.8	广东省第二届女子足球联赛	梅县	3
1985.8	全国“幼苗杯”足球决赛	梅县地区	1
1985.8	全国“萌芽杯”足球决赛	梅县地区	2
1985.8	全国“希望杯”足球决赛	梅县地区	3
1985.8	广东省少年足球锦标赛	梅县地区	2
1985.8	广东省第三届女子足球联赛	兴宁县	3
1985.10	广东省第二届工人运动会足球赛	梅县地区	2
1986.8	全国“萌芽杯”足球决赛	梅县地区	2
1986.8	全国“幼苗杯”足球决赛	梅县地区	1
1986.9	第七届广东省运动会足球赛	梅县地区	3
1987.7	全国“希望杯”足球分区赛	五华水寨中学	2
1987.7	全国“幼苗杯”足球分区赛	梅县东山中学	1
1987.8	全国“幼苗杯”足球决赛	梅县东山中学	1
1987.8	广东省女子足球锦标赛	梅县	2
1987.8	全国传统项目学校足球赛	梅县东山中学	2
1987.10	广东省邮电职工足球赛	梅县地区	2
1988.2	全国十城市足球协作赛	梅州市	1
1988.2	全国少年女子足球调赛	梅州市	3
1988.7	全国“希望杯”足球分区赛	梅州市	1
1988.7	全国“幼苗杯”足球分区赛	梅县华侨中学	2
1988.7	全国“萌芽杯”足球分区赛	兴宁县镇三小	3
1988.7	广东省少年足球锦标赛	梅州市	2
1988.8	广东省传统项目学校足球赛	兴宁一中	2
1988.8	广东省女子足球锦标赛	梅县	1
1988.8	“幼苗杯”全国南区比赛	梅县	2
1989.1	全国十城市足球邀请赛	梅县	1
1989.1	全国“希望杯”足球分区赛	梅县	1
1989.1	广东省足球联赛	梅州卷烟厂	2

（续上表）

竞赛时间	足球赛名称	获奖单位	名次
1989.7	全国“幼苗杯”足球分区赛	梅县高级中学	2
1989.7	广东省少年足球锦标赛	五华县	1
1989.8	全国“萌芽杯”足球分区赛	五华城镇小学	3
1989.10	广东省“中银杯”足球赛	梅州中行	1
1989	广东省女子足球锦标赛	梅县	2
1989	全国青年女子足球锦标赛	梅县	3
1990	“萌芽杯”全国南区比赛	梅县	1
1990	全国青年女子足球锦标赛	梅县	3
1990	第八届省运会女子足球赛	梅县	3
1990	广东省传统项目女子足球赛	梅县	1
1990	第八届省运会男子足球赛	梅州	3
1991.7	广东省少年足球锦标赛	五华县	1
1991	广东省足球传统项目比赛	梅县	1
1991	广东省女子足球赛	梅县	2
1992.8	广东省传统项目学校足球赛	梅县高级中学	1
1992	广东省女子足球赛	梅县	3
1993.8	广东省少年足球锦标赛	五华县	1
1993	广东省足球传统项目比赛	梅县	3
1993	广东省“萌芽杯”足球赛	梅县	1
1994.7	广东省儿童足球赛	梅县	1
1994.8	广东省少年足球锦标赛	兴宁县	1
1994.8	广东省女子足球锦标赛	梅县	1
1995.7	广东省儿童足球赛	梅县	1
1995.8	广东省青少年足球锦标赛	兴宁县	1
1995.8	广东省传统项目学校足球赛	梅县华侨中学	1
1995.8	广东省女子足球锦标赛	梅县	1
1995	广东省青少年足球锦标赛	梅县	2
1996.7	广东省儿童足球赛	梅县	1
1996.8	全国“耐克杯”足球分区赛（广州）	梅县	1
1997.7	广东省儿童足球赛	梅县	1
1997	广东省儿童足球锦标赛	五华县	1
1997	广东省女子足球锦标赛	梅县	3
1997	国际“耐克杯”青少年足球赛（广州）	梅县	1

（续上表）

竞赛时间	足球赛名称	获奖单位	名次
1997	国际“耐克杯”青少年足球赛（广州）	五华县	2
1997	广东省传统项目学校足球赛	梅县	2
1998. 1	第十届广东省运动会少年男子足球赛	梅州市	1
1998. 7	广东省儿童足球赛	五华县	1
1998. 8	广东省女子足球锦标赛	五华县	1
1998	“猎鹰杯”国家青年足球锦标赛（广州赛区）	梅县	3
1999. 8	广东省少年女子足球锦标赛	梅县	1
1999	广东省少年足球冠军杯赛	梅县	1
1999	广东省少年男子足球锦标赛	梅县	3
1999	广东省儿童足球锦标赛	五华县	2
2000. 8	广东省儿童足球赛	梅县	3
2000	广东省少年女子足球锦标赛	梅县	2
2003. 8	广东省儿童足球锦标赛 V－9	梅江区	1
2004. 8	广东省足球锦标赛	市业余体校	1
2005. 8	广东省足球锦标赛	市业余体校	1
2007. 5	广东省少年男子足球联赛	梅县	1
2007. 5	广东省少年女子足球联赛	梅县	1
2008. 7	广东省 U－11 少年女子足球联赛	梅县	1
2008. 8	广东省体育传统项目足球锦标赛	五华县	1
2008	广东省第八届残疾人运动会	梅州市	1
2010. 4	广东省“中国体育彩票杯”少年女子足球联赛	梅县	1
2010. 6	全国脑瘫足球锦标赛暨全国第八届残疾人运动会预赛	梅州市	1
2012. 10	广东省首届百县（区）足球赛	梅县	1

2. 足坛人才辈出

据不完全统计，新中国成立以来，梅州已为国家和 13 个省、市输送了足球运动员和教练员 270 多名，其中国家级教练、国家队运动员 44 人（见“新中国成立以来梅州市培养的各级足球人才”表）。他们中的代表人物如下：

曾雪麟（1929— ）

曾雪麟

他是继李惠堂之后，梅州足球又一无可争议的代表人物。他1929年出生于泰国，7岁回到老家广东梅县，受当时梅县足球氛围的影响而开始了足球的一生，1954年进入八一队，后于1983年初至1985年担任中国足球国家队主教练，1984年带领中国队在尼赫鲁金杯赛中以1∶0击败世界杯冠军阿根廷队，在同年年底的第八届亚洲杯男子足球赛上夺得亚军，这是中国足球队在亚洲杯比赛中获得的最好成绩。

杨霞荪

杨霞荪（1926—2002）

梅县籍优秀足球运动员，1954年入选国家足球队司职左边锋，从国家足球队退役后，曾任重庆市足球队教练。

张均浪

张均浪（1938— ）

五华籍优秀足球运动员，1957年入选广东省青年队，1959—1962年为广东省足球队效力，1963—1965年加盟国家足球队。1964年随国家队前往印尼参加第一届新兴力量运动会。

蔡锦标

蔡锦标（1954— ）

兴宁籍优秀足球运动员，1971年入选广东省青年队，1976年入选国家队，曾任广东省女子足球队主教练。

杨宁（1962— ）

梅县籍优秀足球运动员，1974 年被输送到广东省青年队，1978 年入选国家足球队司职守门员。曾荣获广东省体工大队三等功。

杨宁

池明华（1962— ）

梅县籍优秀足球运动员，1974 年被输送到广东省青年队，1980 年入选国家队司职中卫。1984 年随国家队出征新加坡参加第八届亚洲杯男子足球赛并夺得亚军，1987 年夺得第六届全国运动会足球比赛冠军。

池明华

郭亿军（1964— ）

兴宁籍优秀足球运动员。1978 年入选广东省二队，1983 年入选中国青年队、国家二队，1985 年参加第二届“足协杯”赛被评为“最佳防守队员”之一。1986 年入选国家队司职后卫，1987 年夺得第六届全国运动会足球比赛冠军。

郭亿军

黄德保（1961— ）

梅县籍优秀足球运动员，1978 年入选中国青年队参加亚青赛，代表广东省青年队在 1978 年和 1979 年连夺全国青年联赛冠军。1980 年升入广东队，参加五运会和六运会，1982 年入选中国奥林匹克希望队参加五国邀请赛并夺冠。1983 年入选国家队。

黄德保

吴伟英

吴伟英（1970—　）

兴宁籍优秀足球运动员。1980 年进入兴宁县业余体校，1983 年入选广东省女子足球队，次年入选国家女子足球队。在国际比赛中，曾两度获得“最佳运动员”称号。

王惠良

王惠良（1960—　）

梅县籍优秀足球运动员。1974 年入选广东省青年队，1985 年入选国家队司职前卫，1987 年夺得第六届全国运动会足球比赛冠军。

谢育新

谢育新（1968—　）

兴宁籍优秀足球运动员，1985 年入选国家少年足球队，同年参加首届“柯达杯”世界少年足球锦标赛，被国际足联列为“年轻有为的小球星”，1987 年随广东队参加第六届全国运动会足球比赛夺得冠军，1988 年入选国家队。

伍文兵

伍文兵（1968—　）

兴宁籍优秀足球运动员，1981 年入选广东省青年队，1983 年入选广东省队，1986 年入选国家队司职前卫，1987 年夺得第六届全国运动会足球比赛冠军。

杨宁（1962— ）

梅县籍优秀足球运动员，1974 年被输送到广东省青年队，1978 年入选国家足球队司职守门员。曾荣获广东省体工大队三等功。

杨宁

池明华（1962— ）

梅县籍优秀足球运动员，1974 年被输送到广东省青年队，1980 年入选国家队司职中卫。1984 年随国家队出征新加坡参加第八届亚洲杯男子足球赛并夺得亚军，1987 年夺得第六届全国运动会足球比赛冠军。

池明华

郭亿军（1964— ）

兴宁籍优秀足球运动员。1978 年入选广东省二队，1983 年入选中国青年队、国家二队，1985 年参加第二届“足协杯”赛被评为“最佳防守队员”之一。1986 年入选国家队司职后卫，1987 年夺得第六届全国运动会足球比赛冠军。

郭亿军

黄德保（1961— ）

梅县籍优秀足球运动员，1978 年入选中国青年队参加亚青赛，代表广东省青年队在 1978 年和 1979 年连夺全国青年联赛冠军。1980 年升入广东队，参加五运会和六运会，1982 年入选中国奥林匹克希望队参加五国邀请赛并夺冠。1983 年入选国家队。

黄德保

吴伟英

吴伟英（1970— ）

兴宁籍优秀足球运动员。1980 年进入兴宁县业余体校，1983 年入选广东省女子足球队，次年入选国家女子足球队。在国际比赛中，曾两度获得“最佳运动员”称号。

王惠良

王惠良（1960— ）

梅县籍优秀足球运动员。1974 年入选广东省青年队，1985 年入选国家队司职前卫，1987 年夺得第六届全国运动会足球比赛冠军。

谢育新

谢育新（1968— ）

兴宁籍优秀足球运动员，1985 年入选国家少年足球队，同年参加首届“柯达杯”世界少年足球锦标赛，被国际足联列为“年轻有为的小球星”，1987 年随广东队参加第六届全国运动会足球比赛夺得冠军，1988 年入选国家队。

伍文兵

伍文兵（1968— ）

兴宁籍优秀足球运动员，1981 年入选广东省青年队，1983 年入选广东省队，1986 年入选国家队司职前卫，1987 年夺得第六届全国运动会足球比赛冠军。

张小文

张小文（1964— ）

兴宁籍优秀足球运动员。1981 年入选广东省二队，1983 年入选广东省队，1986 年入选国家队司职中卫，1987 年夺得第六届全国运动会足球比赛冠军。

新中国成立以来梅州市培养的各级足球人才

招收单位	输送年份	姓名	性别	输送单位
国家队	1954	杨霞荪	男	梅县
国家队	1964	张均浪	男	五华县
国家队	1976	蔡锦标	男	兴宁县
国家队	1978	杨宁	男	梅县
国家队	1980	池明华	男	梅县
国家队	1983	曾雪麟	男	梅县
国家队	1983	郭亿军	男	兴宁县
国家队	1983	黄德保	男	梅县
国家队	1984	吴伟英	女	兴宁县
国家队	1984	李小兰	女	梅县
国家队	1985	王惠良	男	梅县
国家队	1985	吴育华	男	梅县
国家队	1986	伍文兵	男	兴宁县
国家队	1986	张小文	男	兴宁县
国家队	1988	谢育新	男	兴宁县
国家队	2011	卓灵花	女	五华县
国家集训队	2010	高志林	男	五华县
国家二队	1954	邓雪昌	男	梅县
国家三队	1958	林国清	男	梅县
国家青年队	1954	张英忠	男	梅县
国家青年队	1954	杨霏荪	男	梅县
国家青年队	1964	邓锡权	男	梅县
国家青年队	1975	叶细权	男	梅县
国家青年队	1976	杨宣	男	梅县
国家青年队	1980	钟云越	男	梅县

（续上表）

招收单位	输送年份	姓名	性别	输送单位
国家青年队	1982	钟小键	男	梅县
国家青年队	1983	罗庆	男	兴宁县
国家青年队	1985	曾育泉	男	五华县
国家青年队	1986	曾繁钦	男	五华县
国家青年队	1986	温明荣	女	梅县
国家青年队	1986	林菲	女	梅县
国家青年队	1986	魏启明	男	五华县
国家青年队	1995	李玉展	男	五华县
国家青年队	1995	张悦文	男	五华县
国家青年队	2000	钟金玉	女	五华县
国家青年队	2003	曾丽平	女	五华县
国家青年队	2006	饶惠芳	女	梅江区
国家青年队	2007	曾秀兰	女	五华县
国家青年队	2010	李伟星	男	五华县
国家青年队	1981	曾国强	男	梅县
国家少年队	1984	侯正庆	男	梅县
国家少年队	1986	游绍东	男	梅县
国家少年队	1990	侯春云	男	梅县
国家少年队	1990	黄雄胜	男	梅县
国家少年队	1993	陈文魁	男	梅县
国家少年队	2000	李灵均	男	梅县
国家少年队	2011	黄远强	男	五华县
八一队	1953	潘培根	男	梅县
八一队	1953	张逸	男	梅县
八一青年队	1980	李文杰	男	梅县
八一青年队	1980	李伟明	男	兴宁县
八一青年队	1986	白海燕	女	梅县
八一青年队	1989	张国辉	男	五华县
八一青年队	1994	何苑群	女	梅县
八一青年队	1995	曾兰芬	女	五华县
八一青年队	1998	曾丽满	女	梅县
八一青年队	1999	周婷	女	五华县
八一军体院	1960	朱森禄	男	梅县
中国龙之队、中超恒大足球队	2004	李建华	男	梅县
国奥队、中甲日之泉足球队	2009	潘佳	男	梅县

（续上表）

招收单位	输送年份	姓名	性别	输送单位
国奥队、中超贵州人和足球队	2009	史亮	男	兴宁市
国奥队、中超贵州人和足球队	2010	饶伟辉	男	兴宁市
国家青年队、中超山东鲁能足球队	2010	刘彬彬	男	梅县
国家青年队、广东省一队	2012	王新辉	男	兴宁市
中甲日之泉足球队	2009	李伟军	男	五华县
中甲日之泉足球队	2009	黄龙	男	兴宁市
中甲日之泉足球队	2011	罗足庆	男	兴宁市
中甲深圳红钻足球队	2011	赖劲	男	兴宁市
中甲日之泉足球队		刘盛	男	兴宁市

3. 女足运动蓬勃发展

足球虽然是世界第一运动，综观世界各国，仍是以男性为主，极少有女性参与足球运动，在中国的众多地区亦是如此。然而，在梅州，足球不仅是男人的运动，女子足球同样蓬勃发展。1958 年梅县体育运动委员会在松口、梅东、溪南等中学组建女子足球队，发展女子足球运动。同年 10 月在松口中学举办区首届“跃进杯”女子足球赛，松口初中队夺冠。但此后受“大跃进”、“文化大革命”的影响，梅县女子足球运动曾一度停止。改革开放后，梅县女子足球运动的发展重新进入正轨，从 1979 年开始每年都举行中、小学女子足球赛。1980 年 5 月 13 日，叶剑英元帅回到梅县视察时，观看了东山中学和丙村中学的女子足球表演赛，并接见了女足运动员，鼓励她们努力锻炼，不断前进。1982 年广东省组建省女子足球队，其中梅县籍的运动员有 11 人。同年 8 月该队参加在北京举行的首届全国女子足球邀请赛，获得亚军。赛后，时任国务院副总理万里同志接见了该届比赛的所有领队。1981—1983 年，梅县女子足球队连续三年蝉联广东省女子足球赛冠军。1983—1987 年，梅县女子足球队为广东省足球队及省体育学校等输送了女子足球新秀 16 名，其中，张小丽曾被评为“全国最佳女子足球运动员”，吴伟英、李小兰入选国家女子足球队。吴伟英先后在第六届、第七届亚洲女子足球锦标赛中夺得冠军。此外，还有 34 名梅县籍运动员担任国家、省（市）级足球队教练、国家级裁判。

首届全国女子足球邀请赛于1982年8月4日至14日在北京举行，以梅县队员为主的广东队夺得亚军，广东队由原梅县业余体校教练杨友标（后排左二）带队，队伍分别由梅县籍的李小兰、廖怀平、张小丽、叶志珍、刘纽琼、梁环兰、陈碧芬和部分广州籍队员组成

吴伟英在踢球

梅县女子足球队夺得1990年全国青年女子足球赛“三胜杯”冠军奖杯

（三）作为文化象征的梅州足球

体育是人类创造的文化，而参与人数最多、影响最广的足球运动无疑是最具文化特征的一项运动。尤其是20世纪20年代职业足球运动的兴起，更是缔造了丰富多彩的足球文化。梅州足球历经140年的

沉淀，留下了深厚的历史文化印迹，这些印迹刻画、塑造了梅州足球独具特色的风格和历史文化内涵。

1. 足球成为梅州的名片

现代足球起源于英格兰，1863 年英格兰足球总会的成立被视为现代足球诞生的标志。根据广州日报体育新闻中心主任陈伟胜前往台湾查找到的 1947 年出版的《五华县志》记载，在现代足球诞生 10 年之后，即 1873 年，现代足球已在梅州市五华县长布镇元坑村开展。再根据其对中国内地其他地方，比如上海、厦门、天津等地现代足球传入时间的考证，可认为元坑村是中国内地最早开展现代足球运动的地方。自此，梅州人民深深地爱上了足球，足球为这片土地打上了浓厚的历史文化印迹，“足球之乡”从此成为梅州名片。20 世纪 50 年代末，周恩来总理在一次对外工作会议上说：“梅县是‘足球之乡’，请外国友人去那里参观。”此后《人民日报》、《体育报》、《南方日报》、《羊城晚报》等重要报刊均称梅县为“足球之乡”。1955 年，广东省人民委员会拨出专款给梅县修建足球场，分别在梅城、西村、梅江、西阳、畲江、松口等区镇和学校新建或维修足球场 47 个。时至今日，梅州仍因足球而闻名遐迩。

体育 A16 SPORTS NEWS
2013 年 7 月 4 日 星期四 责任编辑：黄 庆 美术编辑：张明俊

本报曾全球独家发布考证消息

中国内地现代足球发源地竖碑

本报讯（记者 张喆）昨天上午，五华县长布镇元坑村隆重举行了中国内地现代足球发源地的竖碑仪式。梅州市体育局副局长刘杰、五华县政协副主席甘飞鸿、五华县体育局局长宋胜中、长布镇党委书记陈炳章一起为石碑揭幕。

据 1947 年出版的《五华县志》记载，1873 年德国传教士毕安、边得志在这里（长布元坑教会）创办中书院，成为东、梅两江第一所中学。当年的中书院依山而建，错落有致，有 3 栋占地达 3000 多平方米的欧式建筑校舍。中书院在左边山腰处修建了一条宽 3 米、长 400 米的环山跑道，在右边山窝处开辟了一个草坪足球场，在球场两端用木料搭成球门，教学生踢足球，首次将足球运动作为体育课程传授。当时在元坑中学就读的魏锦新、江爱其、魏灵圣、李伟容、李华瑞、李其美、李兴横、李法春等成为中国内地第一批踢足球的球员。从此，梅州市五华县长布镇元坑村就成为中国内地现代足球发源地。

本报体育新闻中心经过二十多年来的努力考证，于 2011 年 9 月 30 日在《广州日报》上郑重宣布“中国内地现代足球发源地为五华元坑”，成为全球独家发布该消息的媒体。该消息发布后，梅州市和五华县党委、政府、体育局都高度重视，近两年来一直对该史实进行认真的核对。目前，梅州方面正准备就长布镇元坑村这个中国内地现代足球发源地作为申报“中国体育非物质文化遗产保护与开发”工作的项目来抓，得到了国家体育总局的认可。

梅州五华也是中国球王李惠堂的故乡，这次为足球发源地竖碑立传，旨在弘扬五华具有 140 周年厚重的足球文化底蕴，唤起人们对中国足球的激情和向往。该县各级部门将以此为契机，发扬球王精神，扎实抓好足球进政企、进乡村、进学校的“三进”工作，进一步普及当地的足球运动。

2013 年 7 月 4 日《广州日报》报道的《中国内地现代足球发源地竖碑》

2. 形成了鲜明的南派足球风格

足球风格在表面上体现为球队的技战术打法，而实际上体现的是球员与教练员对足球的理解，体现的是不同民族的文化特征。纵观世界足球强国以及近期足球水平快速提高的国家，其传统文化与足球风格都是相辅相成的，他们所取得的成功都得益于鲜明的、始终如一的足球风格。如脚下技术精湛、善于带球突破的巴西“桑巴”风格；非常注意纪律性、追求阵型严密、强调整体作战的德国“日耳曼”风格；荷兰的“全攻全守”风格；英格兰的“长传冲吊”风格；意大利的“链式防守”风格等。梅州足球在长期的发展过程中亦形成了自己的风格，即通常所说的南派风格。其特点是以小、快、灵为中心，强调技术第一，以地面进攻和短传配合为主，习惯于两翼快速突破，利用多层次的配合来撕开对手的防线。梅州足球这一风格的形成主要根源在于梅州球员身材普遍矮小，在与外国球员、中国北方球员的比赛中，身体对抗往往处于下风。然而，身材是先天条件，技术却靠后天的努力，用后天的努力可以弥补先天的不足。梅州球员善于用速度和细腻的脚法，还有位置的移动，来弥补身体对抗的不足。梅州足球的风格就像客家人的风格一样，低调用功，勤奋用脑，兢兢业业，默默耕耘。

3. 足球氛围浓厚

欧美足球强国足球发展经久不衰的一个重要原因就是具备浓厚的足球文化，足球已成为人们生活的一部分，足球运动已在国民意识里扎根，人们通过观看比赛、亲身参与等方式表达对足球的热爱。梅州同样如此，主要体现在以下两方面：

一是参与人群遍及各阶层、各年龄层。自清末足球传入后，足球运动从学校走向社会，参与的人群包括学生、工人、小商贩、店员、农民各阶层；从幼儿到中小学生，从青壮年到白鬓老者都有众多足球爱好者；足球组织（球队）遍及城乡中小学、工厂、机关、企事业单位和街道、农村。1955 年，梅县共有 344 个足球队（组织），其中街道足球队 11 个，学校、机关、农村足球队 101 个，青年足球队 59 个，少年足球队 173 个。

二是足球竞赛种类繁多。在学校方面，梅州是国家总局、教育部开展全国足球青少年校园足球的 44 个布点城市之一。有 54 所小学、27 所中学开展校园足球活动，每年举办校际足球比赛小学组 474 场、初中组 253 场，吸引了大批青少年参与校园足球活动。在社会方面，梅州市县镇村各级各类杯赛、联赛丰富多样，如“梅花杯”、“卷烟杯”、“芸香杯”、“尚记杯”、“梅协杯”、“钟声杯”等足球赛事，现已形成全年“季季有大赛、月月有比赛、周周有活动”的赛事体系。据 2013 年 7 月统计，梅州全市上半年共举行各级各类赛事 1100 多场次。

王惠良回母校梅江区光远小学指导青少年踢足球

1984 年元月首届强民“宝宝杯”足球锦标赛首场比赛现场，运动员全部来自幼儿园

强民元老足球队是梅州中老年球队的代表之一，队中 80 岁的队员仍每天坚持到球场踢球锻炼

梅县乡镇自发组织的“六镇”新春足球邀请赛

4. 足球梦—梅州梦

自20世纪90年代以来，随着中国足球的沉寂，梅州足球的发展也陷入低谷。突出表现在以下五个方面：①梅州培养的高水平足球人才渐少，国内顶级足球联赛鲜少来自梅州的球员；②中国男子国家足球队近二十年无梅州籍队员，与20世纪80年代梅州籍队员曾一度占据半壁江山相比，已不可同日而语；③梅州各中小学的足球队员数量下降明显，青少年对足球运动的热情逐渐减退；④业余体校由于招生困难，举步维艰；⑤以足球作为传统项目的学校的足球业余训练亦不尽如人意。如何振兴梅州足球已成为梅州社会各界广为热议与关注的话题，这是梅州人的足球梦、梅州梦。为此，梅州市政府通过以下举措为实现这个梦想而努力。

——广泛论证。2008年6月28日，梅州市举行振兴梅州“足球之乡”座谈会，广泛征求梅州足球发展的建议，并与广东万力名人足球俱乐部共同实施“万力足球希望工程”。以振兴广东足球为己任，以“希望工程”系列活动作为重振“足球之乡”的起点。此后，2009年梅州市成立了振兴“足球之乡”工作领导小组，加强了对足球工作的领导，促进了足球工作的开展；2013年1月15日，市委市政府组织召开了梅州市振兴足球专项工作会议；2013年7月31日，市政府召开了振兴足球工作推进会议。

2013 年梅州市振兴足球专项工作会议现场

——制定足球发展规划。2010 年梅州市人民政府发布《梅州市振兴“足球之乡”十年规划》，2012 年梅州市委办市府办印发《梅州市关于加快发展足球运动实施意见》，全力推进梅州足球运动的发展。

——夯实足球基础。梅州积极实施足球场“进学校、进乡村、进景区”，“路边、山边、村边”处处有足球场的“三进三边”工程。根据振兴足球十年规划，到 2019 年梅州将建成 1000 个足球场地，为振兴“足球之乡”提供基础设施保障。同时，新建梅县曾宪梓体育场，改造五华县体育场等标准足球场地，使其满足正式足球比赛的要求。

容纳 2 万余人的梅县曾宪梓体育场建成初期情景，现为梅县客家足球俱乐部主场

改造后的五华县体育场，现为梅州客家足球俱乐部主场

——开展对外合作。2009年8月6日，广东省体育局和梅州市人民政府签订了《振兴梅州足球之乡战略合作协议书》，就完善场馆设施建设、加快培养输送人才、建立完善足球赛制等方面开展战略合作。2011年9月18日，梅县政府与广州富力地产股份有限公司签订战略协议，富力地产投资5亿元在“足球之乡”梅县建设一所高标准的富力足球学校，打造世界一流、全国最好的足球人才培训基地。2013年9月19日富力切尔西足球学校正式开学。

梅州市人民政府与广东省体育局签订《振兴梅州足球之乡战略合作协议书》现场

富力切尔西足球学校

——重视发挥高校的作用。2012 年与嘉应学院体育学院合作申办运动训练专业（足球方向），并于 2013 年招收 46 名首届学员；同时，共建的足球文化研究中心积极开展梅州足球发展的课题研究，聘请相关领域专家为梅州足球产业发展制定科学规划。

第二届“足球之乡”体育文化发展研讨会暨运动训练（足球）专业开学典礼

——加强足球文化传承与保护。2013 年 11 月梅州市政府正式以“梅州足球”的名称向国家体育总局文化发展中心申报中国体育非物质文化遗产保护与推广城市，并获得成功。

——推进足球职业化发展。2012 年梅州职业俱乐部实现零的突破，组建了梅县客家、梅州客家两支职业足球俱乐部，并参加了 2013 年中国职业足球乙级联赛。

梅县客家足球俱乐部

梅州客家足球俱乐部

——完善足球人才培养体系。梅州正致力于打造完备的人才培养体系，实施培养“百名裁判员、千名教练员、万名运动员”的“百千万”人才培养计划；引进前国脚黄德保、日本籍教练佐熊裕和、原日之泉主教练曹阳，充实梅州足球教练队伍，提高球队的技术水平。

三　客家之子：世界球王李惠堂

1976 年在联邦德国《环球足球杂志》组织的评选活动中，李惠堂与巴西的贝利、英格兰的马修斯、西班牙的斯蒂法诺、匈牙利的普斯卡什同时被评为世界五大球王。

（一）李惠堂传奇的足球生涯

李惠堂（1905—1979），字光梁，号鲁卫，广东五华县人，出生于香港一富商家庭，是民国时期中国著名的足球运动员。由于高超的球技及特殊的时代背景，其足球运动生涯充满传奇色彩。

1. 童年聊发足球狂

出生于香港的李惠堂自小受英国足球的影响，故而酷爱足球。其父恐其终日沉迷足球，耽误前途，便于 1910 年将其送回家乡——广东省五华县锡坑乡接受私塾启蒙教育。然而，回到故乡的李惠堂对足球的热情并未减退，仍终日与球为伍，无球时则以布团、柚子为球，以狗洞为门练习射门。1913 年，李惠堂返港，正式接受教育。其间，其父恐其荒废学业，对其踢足球严厉限制，甚至斥责和鞭笞，但李惠堂对足球的热爱有增无减，球技也日益精湛。在 1922 年香港“夏令营杯”比赛中，17 岁的李惠堂凭借出色的球技，被南华体育会相中，一年后成为正式队员，开始了其足球运动生涯。

李惠堂故居

李惠堂童年练球的狗洞

2. 上海滩与名旦争顶

20 世纪 20 年代的上海已成为中国较大的城市之一，社会经济发展水平较高，竞技体育的发展也走在全国前列，并云集了大批体育知名人士，如创建上海精武体育会的天津霍元甲、“鹰爪王”河北陈子平、体育家福建马约翰、深谙《韬略元机》的浙江谢侠逊、篮球名教练江苏钱旭沧等。1925 年，为逃避封建包办婚姻，李惠堂来到上海，同年 10 月受邀加入上海乐华（原名乐群）足球队。在上海乐华足球队期间（1925—1930），李惠堂为上海足球运动的发展作出了巨大贡献。一是其出色的球技使乐华足球队的实力得到大大提升，成为当时上海实力最强的球队，其本人亦被复旦大学聘为足球教练、体育部主任；二是率乐华队打破外国球队一统上海滩的局面。20 世纪 20 年代的上海，足球运动主要由外国人操纵。1926 年，李惠堂率乐华足球队参加在上海举行的“史考托杯”足球赛，以 4∶1的悬殊比分大胜蝉联 9 届冠军的英国猎克斯队，首开上海华人足球队击败外国球队的纪录，振奋了民族精神。此后，李惠堂又率领乐华队相继荣获“西联会”甲组联赛冠军、首届“高级杯”赛冠军和“中联”甲组联赛冠军。1929 年，李惠堂还代表上海队获得全运会足球赛冠军。高超的足球技艺，使李惠堂很快在体育名士汇集的上海滩成为最

李惠堂的倒地卧射技术

受欢迎的体育人士之一，以至于当年的上海滩流传着“看戏要看梅兰芳，看球要看李惠堂”的佳话。

3. 远东运动会四度折桂

20 世纪二三十年代，是中国足球发展的黄金时期，除李惠堂外，还有“铁腿”孙锦顺、包家平、梁玉堂等诸多出色的足球运动员。因此，李惠堂一生最大的梦想是带领中国足球队与世界足球强国的队伍交手，让全世界认识中国足球，洗刷“东亚病夫”的耻辱。1936 年，李惠堂作为队长带领中国足球队参加了在柏林举行的第十一届奥运会，但由于经费拮据，球队只能在前往柏林的途中以表演赛的方式筹集路费，并最终在比赛前一天到达柏林。由于旅途疲劳，中国足球队最终以0∶2 败给英格兰队。虽然比赛失利，但中国足球的水平得到了欧洲人的认可。赛后，有英国球会以 8000 英镑（折合 64000 块银圆）年薪请李惠堂留在英国踢球，但被他婉言谢绝。

李惠堂虽然未能在世界赛场获得胜利，但在远东运动会上却多次带领中国足球走向亚洲之巅。1923 年，年仅 18 岁的李惠堂入选国家队，第一次代表中国足球队（由香港南华队代表中国队）参加在日本大阪举行的第六届远东运动会，并获得冠军。此后，1925 年、1930 年、1934 年李惠堂又分别参加了第七届、第九届和第十届远东运动会足球赛，均获得冠军。尤其是在菲律宾马尼拉第七届远东运动会中国对日本、菲律宾的足球比赛上，李惠堂共进 5 球，为中国赢得比赛立下了功劳。对于此届远东运动会，“华侨之期望足球胜利，存心尤为急切，故在场参观者，达三万余人，其间华人占十之六七，看台均为之满，一种拥挤情形，实为他种运动所未有”。李惠堂也以精彩的表演回报了热情的华侨。1925 年的《中华全国体育协进会年刊》如是描述：“阅时七分钟，忽见左内锋李惠堂举足攻门，球入敌网。于是华

1936 年李惠堂（第一排居中者）参加第十一届奥运会

人手舞足蹈，万头攒动。欢呼喜悦之声浪，高冲云霄。未及李惠堂再踢进一球。……观各次比赛，当推李惠堂之球技为最佳，其盘球之机巧，传送之敏捷神妙，射击之准确有力。实促成前线之合作，而能如入无人之境，中国之胜，得力于李非浅。”此届远东运动会后，李惠堂被评为“亚洲球王”，名扬海内外。

4. “碧眼紫髯也颂扬”

由于南华足球队在第六届远东运动会上的出色表现，1923 年 8 月，受澳大利亚足球协会的邀请，李惠堂代表香港南华队访问澳洲。“物以比较而见优劣，技以比较而见高低。不与彼邦人士比赛，焉知技之优劣，纵使日夕称雄于东亚，举足稍远，则一蹶不振，遑论乎加入万国运动会。”临行前，李惠堂将此次比赛前的心情写在纸上。果然，香港南华队刚抵达澳大利亚的首站——悉尼，就受到当地一家报纸的羞辱。这家报纸刊登了一幅 11 个面容憔悴、拖着长辫的球员蹒跚向球场走去的漫画，标题为“明天登场的中国队”，这引起南华队队员的极度愤慨。到达澳大利亚的第二天，南华队即迎战当地劲旅——新南威尔士队，由于连续 20 多天的长途跋涉，最终南华队在二度领先的情况下与对手以 3∶3 战平。但此战使南华队在当地赢得了尊重，李惠堂也由于在此战中独中三元而被评为“最佳球员”，并在当晚悉尼市长举行的欢迎宴会上被授予金质奖章。在澳大利亚访问期间，南华队共赛 24 场，8 胜 7 平 9 负，进 63 球，其中李惠堂进 31 球。由于李惠堂在澳大利亚期间的出色表现，随队记者曾靖侯曾赋诗“万人声大叫球王，碧眼紫髯也颂扬”。其后，应菲律宾华侨体育家林珠光先生、新加坡万金油大王胡文虎等人的邀请，李惠堂在 1928 年至 1939 年期间先后代表上海乐华足球队、香港南华队多次访问东南亚，均取得了不俗的战绩，改变了当地人对中国人、中国足球的轻视态

1924 年，新西兰当地学生足球联合会欢迎南华足球队来访的宣传海报

度，李惠堂也因此在当地声名鹊起，不乏商家利用其肖像、球衣号码作商标销售商品。

此外，李惠堂还代表中国足球队参加了1936年的柏林奥运会，尽管中国队由于长途跋涉、体力不支而在第一场比赛中被英格兰队淘汰，但李惠堂的球技却得到了一致的认可，并在赛后受到欧洲球队加盟邀请。

5. 享誉世界足坛

1947年，李惠堂正式告别足球运动生涯，次年赴英国学习，获英足总会颁发的教练证书。1948年李惠堂作为教练率中国足球队参加第十四届奥运会足球赛，同年获国际足联国际裁判证书，成为第一位获得国际裁判资格的中国人。其后，李惠堂于1954年、1955年率中国台北队夺得第二届、第三届亚运会足球赛冠军。由于在亚洲足坛的巨大影响力，1954年李惠堂当选为亚洲足球联合会秘书长。1965年，李惠堂当选为国际足联副主席，成为在国际足联担任最高职务的中国人。1976年在联邦德国《环球足球杂志》组织的评选活动中，李惠堂与巴西的贝利、英格兰的马修斯、西班牙的斯蒂法诺、匈牙利的普斯卡什同时被评为世界五大球王。

（二）李惠堂独特的足球理念

1. 探索足球理论的先驱

李惠堂既是一位杰出的足球运动员，也是近代中国探索足球理论的先驱。早在1925年，20岁的李惠堂就著有中国历史上第一部足球专著《足球》（1927年上海勤奋书店发行），其后又陆续发表了《足球经》、《球圃菜根集》、《杂果盘（球人座右铭）》等足球理论著作，所论述的内容涉及足球领域的方方面面，包括技术、战术阵型、球队建设、球员选材、个人与整体的关系、胜负关系、竞技与智力的关系等等。李惠堂的足球理论是其丰富实战经验的总结，在此仅列一二。

（1）足球技术与训练。

李惠堂认为，一名优秀的足球运动员首先要有扎实的基本功、一流的身体素质、上佳的意识和良好的道德。而足球基本功无疑是重中之重，“基本技巧是一个球人最大的需要，基本技巧不纯熟简直不能升堂入室”。因此，李惠堂强调，无论队员水平高低，都应把基本技术的练习视为每日训练必不可少的项目。对于足球基本技术的训练，李惠堂认为，“踢球的原理，和打拳大同小异。顺其势而施以柔，逆其势而行之刚，无论高低左右，自有相当解变，断不能固守一二方式，硬求通用”。因此，“无论踢什么球，总离不开几个基本原则：预测力、时间、落点、力道、角度、位置、注视力、两手的摆动、后继动力、判断力及肌肉的联系”。其在《足球经》之基本技艺部分，将足球的基本技术分为踢球、头球、运球与盘球、抢球、掷界外球、停球及守门等七个部分，对每一项技术的作用、运用原则、基本动作及练习方法进行了详细论述，并亲自示范附图说明。反观今日中国足坛，由于急功近利思想作祟，安心从事足球青训工作，潜心研究、教授足球 ABC 的优秀教练已然不多，遑论有教练员在国家队提出国家队员也要练习足球 ABC 时遭受反对意见。如此，中国足球运动员的技术焉能进步？而身体条件不如我们的日本队却以出色的技术称雄亚洲，这不能不引起我们的反思。

（2）足球阵型与战术。

为适应 1925 年足球越位规则的变化，即由原来的进攻队员前面不足三名防守队员为越位，改为不足两名防守队员为越位，1930 年英国人创造攻守平稳的“一三二二二”阵型（WM 式），这一阵型随即在世界各国足坛广泛流传，取代了传统的“一二三五”阵型（塔式阵型）。“一三二二二”阵型的突出特点是人员均匀地分布于球场各区域，使进攻与防守力量趋于新的平稳状态，能有效地调配攻守力量，促进了攻守技战术的发展，同时也使得场上不同位置球员的职责分工更为明确，和传统阵型相比对技术要求也具有较大的差异性。对此，李惠堂认为球场上的 11 个位置，应如作战时行兵调将一般，各司其职，教练员要能够洞悉每一个球员的特点，“一定要首先根据队中球员各人的天才、个性与本能，或独特的风格，才可以决定全队的踢法与攻守的秘诀，务使每个人都适合他的工作，做到人尽其用、用尽其才的最高原则”。而球员选择个人位置的主要依据是“兴味、身型、体力、快捷、技艺”。为此，李惠堂在《足球经》一文中对当时流行的“一三二二二”阵型中的各个位置——中锋、中坚（中卫、第三后卫）、翼锋（边锋）、后卫、内锋、翼卫（前卫）的特点、作用及要求，进行了深入的分析。

李惠堂关于阵型和战术选择的论述对今日的中国足球亦有重要的借鉴意义。自20世纪90年代以来，中国足球为提高技战术水平，通过留洋、聘请外国教练等方式多次兴起了向欧美足球强国学习的浪潮，以期达到“师夷长技以制夷”的目的。但是，十几年过去了，中国足球由于忽而学习南美，忽而学习欧洲；阵型选择忽而“四五一”，忽而“四四二”，忽而又“平行站位”的种种做法，不仅未学到先进的战术和阵型，反而将中国足球引入歧途，使其丧失了既有的技战术优势。究其原因在于足球管理部门及教练员在“向欧美足球强国学习”的思想影响下，普遍对中国足球运动员自身的特点、优势缺乏深刻的认识，未能“做到人尽其用、用尽其才”。而我们的竞争对手，如日本、韩国、伊朗等却在学习欧美足球强国的基础上，选择了适合本国球员特点的技战术，并保持连贯，因此竞技水平也一直较为稳定。

（3）个人与集体的关系。

足球运动是集体运动，是整个球队技术、战术、智慧的全面较量。但在早期足球运动中，足球的整体观念并不强，球员一向喜欢卖弄个人技术以取悦观众。对此，李惠堂极力反对，认为“足球是联合运动，最忌自私”，“智者以球役，愚者役于球。智者带球十码，传球三十码，愚者带球三十码，传球十码，这就是智愚的分野”。他反复强调个人技术要为球队服务，足球比赛中集体协作才是取胜的关键。“足球运动决非个人能力所为的，任你是世界上首屈一指的球星，如果没有十个队友帮你的忙，十一个敌人与你对赛，你还不是废人一个?”1925年，李惠堂初到上海时，上海球员喜好通过个人盘带、踢高球等方式卖弄花巧，以博取观众喝彩。但在李惠堂的努力及影响下，上海球员喜欢卖弄个人技术的风气有了极大改变，水平也得到了较大的提高，促进了上海足球运动的发展。

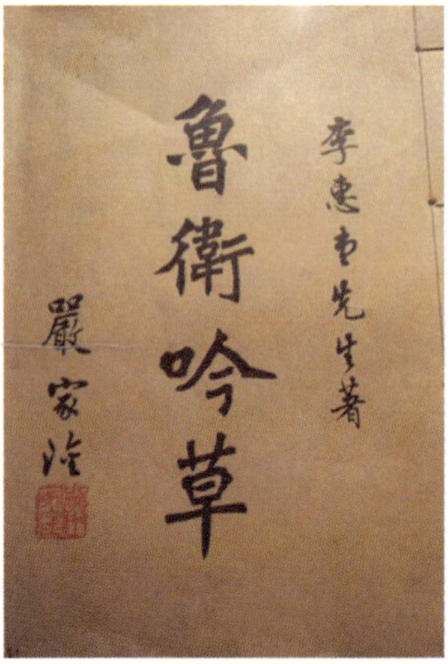

李惠堂著作《鲁卫吟草》

李惠堂著作《球圃菜根集》

2. 智育与体育并重的积极倡导者

李惠堂从事足球运动的年代正是中华民族内忧外患之时，长期的体育实践及国人蒙受的“东亚病夫”之耻，使李惠堂深刻地认识到体育对一个国家的强盛、民族的兴旺有着极为重要的意义。因此，李惠堂终其一生，都在从事足球的普及、推广工作，号召青少年“读书不忘体育，体育不忘读书”。李惠堂认为体育与智育的关系犹如唇齿，“一个人有了高深的学问，而无健全的精神去利用他的智慧，或者是徒有健全的体魄，而无优良的学识去利用他的魄力，两者都一样不行的”。近代中国之所以蒙上“东亚病夫”之耻，“推溯原因，都不外是木先腐然后虫生，才有今日之祸”，即其根本原因在于长期以来形成的重文轻武之风气，大家只求读书上进，醉心迷恋“书中自有颜如玉，书中自有黄金屋”这两句话，把体育完全忽视了。在长期的足球对外交往中，李惠堂目睹了羸弱的国人在国外所受的屈辱，如前所述征战澳大利亚时的漫画之辱；英国人把一些身体、技术不好的球员称为“中国选手”；甚至东南亚国家也讥笑中国人及当地华侨为无用懦夫等。1936 年，雄心勃勃的李惠堂率中国足球队参加柏林奥运会亦饮恨而归，“只得了个‘体力不如人’的教训”。这些经历使李惠堂清醒地认识到必须走出传统教育“重文轻武”的误区，广泛开展体育运动，提高国民的身体素质，这样才能从根本上改变外国人对中国人长期以来形成的偏见，提升中国人的国际形象及国际地位。尤其是1937年抗日战争爆发，中国大片国土沦陷，更是使李惠堂感到推广体育的重要性与迫切性，他强调“解放民族，复兴中国，非得文武兼备，四育并进不为功”，“将来抗战或抗战完成后，要建设新中国，要有高明的智慧和学识及伟大的体格精神”。此外，李惠堂对当时社会上一些人关于“体育只是跑跑步、玩玩球”的错误观点进行了纠正，指出“体育是范围辽阔的，关系人生、社会、国家、民族”，“举凡公共卫生、个人自治、社会公益、民众纪律，而至于国防建设，都从体育训练出来”。体育既可以锻炼身体，也可以培养人的意志品质。若在全社会广泛开展体育运动，则有利于培养有益于国家与社会的良好公民。

3. 体育道德的楷模

李惠堂备受世人景仰的原因，除了其高超的球技外，还在于其高尚的体育道德，不但立言，还力行。在其《球圃菜根集》的第一章就开宗明义地写着：“体育真谛，道德为本，技术为末，先求其本，后求其末。”又言：“登场角技，万目睽睽，球员之举动丝毫毕露，勿以为作奸犯科，能于巧诈中逃脱公论。虽知不义之行，纵逃过他人眼帘，也逃不过昭昭天理，逃不过自己良心。”他一直强调一名优秀的足球运动员除了要不断提高技艺外，还须时刻牢记体育道德，主要有以下三方面：

一是要遵守体育礼节。“体育礼貌是体育道德范畴的一环”，重视体育礼节“可以挖掘对方的友谊和热情，表现本身崇高人格，引起观众的好感，养成平时事事守礼的习惯”。因此，“在众目睽睽中，一举一动的仪表，是任何运动家所不应轻视和忽视的”。在遵守或履行体育礼节当中还应明了：“对方是我研究艺术，联络感情的对象，是我日求进境中的良师益友”；“决不把胜负看得太重，以致迷蒙了原有的理智”；“礼节的谦让，并非示弱吃亏或一种怯懦的表露”。1923年，李惠堂率队远征澳大利亚时，正因恪守体育礼节，得到了澳大利亚人的尊重和赞扬：“中国人很文明守礼，确有大国的古风。”

二是尊重裁判。李惠堂在其足球生涯中极少犯规，更未受过裁判的处罚。他认为熟悉足球比赛规则、服从裁判是优秀运动员的必备条件。同时，对裁判要理解和宽容。“当球证不能面面俱圆，是世间最

吃力不讨好的差使。有时无心之失，是值得同情与体谅的，谁愿在万目睽睽中，做一个众人唾骂的公敌？”

三是反对球场的报复行为。在李惠堂二十多年的足球生涯中，球场上经常有剑拔弩张的场面，受到侵犯更是在所难免，但李惠堂一向主张宽恕待人，认为“以牙还牙，以眼还眼，这原则在球赛中是不该施行的，如果人人存心报复，则星星之火可以燎原，冤冤相报何时了？”因此，在足球比赛中，李惠堂即使被对方恶意犯规也不会有报复之心，而且还会尽量保持谦和态度，引导对方遵守体育道德。在一次与印尼的比赛中，李惠堂被对方球员“独眼龙”恶意犯规，踢断胫骨住院治疗，根据当地法律，肇事者将面临被判刑的处罚。但是，当警察来调查此事时，考虑到对方可能受到刑罚，李惠堂反而为之掩饰、求情，使“独眼龙”免于刑罚。“独眼龙”甚为感动，特到医院向李惠堂跪谢。

（三）李惠堂的足球理念对中国足球的启示

李惠堂的足球理念是其丰富实践经验的总结，也是其长期潜心研究的结果，其倡导的一些理念恰是当前中国足球发展之所缺。因此，今日缅怀李惠堂先生，重温其思想，对中国足球的发展具有重要的启示意义。

1. 培养球星，促进青少年足球运动的发展

李惠堂以其出色的足球技术为其所效力的球队屡建战功，并对当时中国足球的发展产生了重要影响，被称为“球王”，这体现了一名球星在足球运动中具有的重要作用。获得 1994 年男足世界杯冠军的巴西国家队主教练佩雷拉先生感叹：“作为教练员，如果没有球星，你什么都不是。”综观世界足球强国，它们在不同时期均有自己的当家球星，他们对本国足球运动的发展起着重要作用，主要表现在以下两方面：

一是在关键比赛中力挽狂澜。这只有那些在瞬息万变的竞争中对时空有特殊认知能力，并能在千钧一发之际捕捉机会和娴熟运用技术的球星才能做到。在世界杯足球赛中，球星的作用更是体现得淋漓尽致。如带领巴西队三夺世界杯冠军的贝利，1986 年带领阿根廷捧杯的

马拉多纳，1994 年单骑救主将意大利带进决赛的巴乔，1998 年帮助法国队首度夺冠的齐达内，2002 年世界杯巴西 3R——罗纳尔多、小罗纳尔多、里瓦尔多。正是由于球星的重要作用，一些职业足球俱乐部为实现其夺冠计划，才不惜重金购买球星。反观中国足球队在比赛中鲜有球员能在关键时刻克敌制胜，而更多的是出现“黑色三分钟”、“打平就能出线”这些导致输球的现象。

二是推动青少年足球运动的发展。在一些足球强国，众多青少年将足球明星视为偶像，或将其成功经历作为自己的人生目标，这些激发了他们从事足球运动的热情。这也是巴西、阿根廷、法国、德国等足球明星辈出的国家每年会有成千上万青少年从事足球运动的重要原因。如巴西，正是贝利、加林查、济科、罗纳尔多等足球巨星运用高超的技艺，促进了巴西足球的发展，使巴西足球名扬世界，使在巴西街头踢足球的男孩都梦想着有朝一日成为球星，也正是这个梦想支撑起巴西的足球文化。事实上，我国在足球职业化初期（1994—1995），也曾一度出现短暂的“球星热”，一些知名足球运动员甚至被冠以“城市英雄”的称号，如前上海申花队的范志毅，当时一张普通的甲 A 球星卡也曾一度在市场上被炒至上千元。此时，足球也成为社会的热门话题，吸引了众多青少年参与，中国足球学校也如雨后春笋般涌现。据有关方面统计，在 1990 年至 1995 年间，我国青少年足球人才数量达到了历史最高的 65 万人，而现在仅为 5 万多人。

因此，要提高中国足球的水平，培育球星，促进青少年足球运动的发展是不可回避的紧迫任务。

2. 探索适合中国文化的足球风格

足球风格在表面上体现为球队的技战术打法，而实际上体现的是球员与教练员对足球的理解，体现的是不同民族的文化特征。纵观世界足球强国以及近期足球水平快速提高的国家，其传统文化与足球风格都是相辅相成的，他们所取得的成功都得益于鲜明的、始终如一的足球风格。新中国成立以来，我们也一直尝试着建立自己的足球风格。1957 年全国足球训练工作会议提出“积极、主动、快速、灵活”的风格；1964 年提出以“勇、快、巧、准”作为我国足球风格的定位；1972 年全国足球训练工作会议提出“勇猛顽强、快速灵活、全面准确”的风格；1988 年又提出以“准、快、灵”作为足球技战术风格。此后，中国足球又通过留洋、聘请外国教练等方式多次兴起了向欧美足球强国学习的浪潮，寻求适合中国足球的战术风格。但在这一过程中却走了不少弯路，收效甚微。正如前国家队教练员金志扬所说，“这些年我们先后学过巴西、德国、法国，但最后我们谁也没学像，最关键的问题是中国足球在学习的过程中没能形成自己的东西”。尽管 2002 年在外教的带领下，中国足球队历史性地进入了世界杯决赛阶段，但在此之后，中国足球不仅水平未得到提高、风格未建立，还丧失了部分技术优势。究其原因，在于足球管理部门及教练员在“向欧美足球强国学习”思想的影响下，普遍对足球与文化的关系、中国足球运动员自身的特点缺乏深刻的认识，未能“做到人尽其用、用尽其才”。而我们的竞争对手，如日本、韩国等却在学习欧美足球强国的基础上，选择了适合本国球员特点的技战术，并保持连贯，因此竞技水平也一直较为稳定。

可见，足球风格对于一个国家足球的发展而言，犹如前进道路上的航标一样不可或缺。欲提高中国足球的水平，必须秉承中国传统优秀文化的精髓，并将其植入中国足球中，使之形成适合中国文化的足球风格。

3. 坚持以技术为第一标准选材

自 20 世纪 90 年代以来，中国足球选材就进入了过分追求身高、力量的误区，对技术却有所忽视，以致近十年来鲜有身高 1.75 米以下的球员入选国家队。由于中国球员脚下技术越来越粗糙，中国足球队也一度被讥讽为“头球队”。这种把“对抗能力”看成身高加体重的观念，同王莽派“巨无霸”领军打仗，客观上是同一个思路。放眼世界足坛，尤其是一些足球强国，不乏身材并不高大的优秀足球运动员，如贝利（1.74 米）、马拉多纳（1.68 米）、巴乔（1.74 米）、巴雷西（1.74 米）、梅西（1.70 米）等。2006 年世界杯 32 个决赛队中，有 18 支球队拥有身高不超过 1.70 米的球员，总人数高达 34。个子最矮的球员厄瓜多尔队前卫拉拉身高仅为 1.62 米，墨西哥全队平均身高仅 1.75 米，阿根廷全队只有一名队员超过 1.80 米。这些事实，内含深刻的科学性：在足球运动中，不仅有围绕人体纵轴的转动，更有围绕横轴、矢状轴的转动，特别是对于多轴结合的转动，身高过大就是劣势。

因此，为切实提高中国足球的水平，我们在选拔球员时必须坚持以技术作为第一标准，切勿以“貌”取人。可以根据球队建设的需要，对特别需要的高身材球员，个别、少量地进行重点培养。但绝不能大规模地以身材作为运动员选材的普遍标准，尤其是青少年足球后备人才的选材、培养。此外，还要杜绝以行政力量干预、操纵选拔身材高大球员的做法。

4. 切实提高球员的文化、道德素质

在国内，足球运动员的成长历程大都离不开“业余体校（或足球学校）—少年队（俱乐部三线队）—青年队（俱乐部二线队）—成年队（俱乐部一线队）—国家队”这一培养模式，文化教育长期得不到保障，致使他们的受教育程度普遍偏低。文化素质的整体低下，使中国球员在职业化后虽然收入已经与国际接轨，但道德水准却未与国际接轨。其在球场内外表现出的种种不端行为令人担忧：场内辱骂、殴打裁判或对手，恶意犯规，消极比赛，打假球等事件层出不穷；场外吸毒、泡吧、嫖娼、斗殴、行凶等丑闻不断。例如，1999 年 5 月三名国奥主力队员广州酗酒事件，2000 年 3 月深圳平安“六君子”事件，2001 年 5 月沈阳金德四名年轻球员杀人事件，2002 年 5 月山东鲁能王超殴打岳母事件，2002 年 6 月上海申花球员施华杀害女友事件，2004 年 11 月刘建生涉毒事件，2005 年 8 月安琦“拉链门”事件，2007 年 6 月温俊武涉赌杀人事件等。一时之间中国足坛成为负面新闻的“集散地”，中国足球运动员成为“素质低”的代名词。此外，中国足球队在比赛中屡屡出现“黑色三分钟”、“打平就能出线”，球员易受场内外干扰因素影响而做出不理智的行为等，均为文化教育缺失、心智水平较低的体现，导致其不能做到如李惠堂所说的“斗智为上，角力为下”。

由此可见，采取措施提高中国球员文化、道德素质已迫在眉睫。措施可包括完善现行足球人才培养模式中的“体教结合”，切实有效地解决长期以来形成的“学、训”矛盾；促进普通中、小学足球运动发展，在普通中、小学培养足球人才，并使之从小接受完整的教育；

采取多种方式加强对足球运动员的道德教育，提高其道德认识水平；建立监督、惩罚及激励机制，通过严格的规章制度规范，使运动员形成良好的道德风范。这点荷兰足球俱乐部的做法值得借鉴。荷兰足球闻名世界的原因不仅仅在于其水平之高，还在于其出色的青训体系。秘诀主要有两点：一是先进的足球理念和科学的训练方法；二是极为重视青年球员的文化教育和道德教育。以“球星加工厂”阿贾克斯俱乐部为例，任何在学校中不好好学习，考试不及格的学生都不被允许参加训练和比赛；在俱乐部的托科姆斯特青训营里，个人主义和破坏纪律的行为更受到严禁，教练们非常重视青少年球员的举止，戴耳环和留长头发的球员都不许进入青训营；球员们必须在感到自己自由成长的同时学会尊重规则、尊重他人。

四　客家武术

客家人是汉族中的一个民系，主要聚居地在闽西、赣南、粤东北一带。客家人是中原汉族在一千多年的历史长河中，数批次地离乡背井，为“求活”而南迁形成的地域性人群。在客家人形成的过程中，他们所携带并传承的中原文化尽管与闽、赣、岭南文化有所碰撞和融合，但中原传统文化始终为客家人所追捧并延续传承，在吸收了岭南文化精髓后形成了具有地域特色的客家文化，其中，包括古典哲学传统文化中的中国身体文化——武术。

武术是中华民族传统文化的一张名片，其在传承和传播的过程中具有与人本身不可分立的文化特性。

（一）客家武术与山地民性

客家是移民迁徙形成的特殊文化群体，迁徙的过程也是移民主体寻找必要的生活资源的过程。他们最终落脚于群山茂林之地，筚路蓝缕，以启山林，改造和利用以山地、丘陵为主要地貌的生活环境，创造了富有山地特色的客家文化。

恩格斯说：“劳动创造了人类本身。”人类在劳动中创造出生产关系和自己的本质，并形成了各自的文化。文化是人类利用自然和改造自然的过程以及形成的所有成果，因而具有因自然地理状况不同而产生的不同地域性特征。客家地区山林多耕地少，随着客家人的形成、人口的不断繁衍以及新客家人的涌入，已有耕地等自然资源不能满足人类生存的需要，客家先民不得不为族群的生存和繁衍而另辟蹊径，向手工业和商业等传统农耕作业以外的领域开疆拓土。以梅州为例，其民族志背景资料显示，梅州全境总面积为 1.59 万平方公里，其中平

原耕地面积仅占全境面积的13.7%，河流水库占5.4%，山地占24.3%，丘陵、台地和阶地占56.6%。五华县农耕资源更少，全境总面积3226.1平方公里，截至2000年，耕地（旱地和水旱地）占其全境面积的9.84%。故而“逢山必有客，无客不住山”成为客家文化的一个特征，而“八山一水半分田，半分道路和庄园”则是对客家地域自然地理状况的高度凝练。在这种自然地理环境中，逐渐形成了或向海外谋发展，或以人为主要劳动力的靠肩挑步行的陆地运输业，充当河工的水上运输业，以开发铁矿为基础的传统锻铁业，以及形成由粗犷到精细的采石业和石雕业。客家人是谙熟传统农耕作业的中原民系的一支，在客家人中，男主外、女主内已然成为普遍现象。客家女性除了操持家务，抚养子女外，还承担了田间农事的种植与收获工作。而传统农耕以外的工商业则毫无疑问地由男人承担，负责扩大家族的货币资本。在这种由环境决定的文化模式的形成和发展过程中，逐渐形成了客家女性吃苦耐劳，客家男性不畏艰难、勇于开拓、硬打硬拼的客家山地民性。

1. 械斗习俗与匪患多发的社会环境

在客家人迁徙入粤的历史进程中，随着客家移民涌入量的增加和定居客家人口的繁衍，客家人与原住民之间因为生产资料紧张而导致的社会矛盾日益凸显，甚至屡次爆发激烈的械斗事件，导致客家人与原住民“相互仇视，连鸡毛蒜皮的小事也会打起来，杀伤人命”[1]。广东省内，“土著杀掠客民，客民起而报复，遂相寻衅，焚掠屠戮，械斗至数十年之久”[2]。19世纪中叶，广州以西爆发了规模宏大的客家与土著之间的群体械斗，被称为“土客之争”。[3] 1906年，蕉岭县丘、傅两姓，因争一处山场，引起宗族之间旷日持久的械斗，双方各有死伤，后由平远籍华侨姚德胜出资调解方得平息。[4]

客家人有句俗语——“写得讲得打得”，意思是重视文化教育，生活中遇到不可避免的纠纷应以礼为先。“打”排在最后，显然在客

---

① 丘权政主编：《客家与近代中国》，北京：中国华侨出版社1999年版，第111页。

② 池子华：《中国流民史·近代卷》，合肥：安徽人民出版社2001年版，第325页。

③ 王亚强：《客家武术文化渊源考——依据广东梅州客家人所从事的武术内容与形式来探讨客家武术渊源》，华南师范大学硕士学位论文，2008年，第28页。

④ 广东省平远县政协文史资料编辑委员会编：《平远文史》（第9辑），1998年。

家人的文化精髓里，“打”是不得已而为之，也是他们在封建社会中利用武术技能维护自己利益的必要手段，更是武术得以不断传承的习俗意识场域。

据《乾隆嘉应州志》记载，仅兴宁一县就发生过多起大规模的匪患。“嘉靖四十四年，流寇攻安明寨急”，县学生王元宾率众援救。“宾与贼战，自辰至未，斩贼首一十三级，力竭为贼所杀。”“天顺辛巳，邑中贼起，势张甚。”县学生张微，素来刚勇，请从平寇，“至程乡，遇寇，挺身与战，摧锋陷阵，歼其渠魁，斩首数级”[①]。“巫子秀，英勇绝人，家居罗岗，与诸贼巢穴近，弘治癸亥，贼胡荫，彭锦煽乱，子秀独能画策保其乡，贼畏不敢犯。”“正德己巳，流寇陷邑里，众莫敢撄，罗仲飑（性刚勇）奋率乡勇往御，至白沙坑，与贼战。”“何算，自少臂力过人，躬耕乐善，年八十余沼赐冠带，体尚强健。正德间，流寇突至，其乡居人望风而遁，算率子弟与战，手杀数贼，乃遇害。”[②]

在广东东北部的客家山区，山多林密，除了大规模的匪患外，零星的歹人作乱，更是数不胜数。因此，客家人习武健身，成为保家族平安的必要手段，武术技能也成为现实生活中生存的技能。有记载的匪患扰民事件，反映了客家地区社会生活秩序的不稳定，同样也证明了客家先民中不乏刚勇之士，能“手杀数贼”。因此，动荡的社会促进了传统武术的蓬勃发展。

从门户宗族间的内部械斗到人民与贼寇的敌对杀伐来看，都需要客家人自我强壮，才能保障族群的生存繁衍，这也促进了传统武术的盛行和发展。可以说传统武术在客家民间的传承与发展，是客家地区特定历史时期人类生存和社会发展的需要。

2. 尚武之风与推崇武举的思维意识

客家人崇文重教，更崇尚文武并重。在公元702年武科举开科取士以来的1200多年中，仅仅梅县在清代通过武科举考试而进入仕途的武举人就有193人，武进士有22人，更有武状元李威光和武榜眼曾琼

① 程志远、王洁玉、林子雄、谢维怀整理：《乾隆嘉应州志》，广州：广东省中山图书馆古籍部1991年版，第518页。

② 程志远、王洁玉、林子雄、谢维怀整理：《乾隆嘉应州志》，广州：广东省中山图书馆古籍部1991年版，第519页。

琲出任武官，名留青史。[①] 闽西客家龙岩地区涌现武举人 376 人，武进士 29 人（数据来源于中国客家博物馆），其中武状元丁锦堂继梅州清代李威光之后成为为数不多的“过江武状元”［古代封建社会帝都都建在我国北方地区，武科举产生的状元大多分布在北方地区，相对于北方地区而言，江南各地重文轻武，涌现的武状元数量较少，因而从地域分布特征上来说，形成了“武状元不过（长）江”这样的说法］。

梅州地区下辖梅江区、梅县区、兴宁市、五华县、蕉岭县、平远县、丰顺县、大埔县，武术活动主要兴盛于五华、兴宁和梅江区等地。嘉应属地有八个流派的武术在民间传习，这些传统武术或为客家人由中原携技入粤，或为客家人定居后出外学艺并返故里传习，但无论如何，这些民间传习的传统武术为在械斗和匪患频发的社会环境中求生存的客家人提供了保卫家园及获取生活资本的可能，事实上不安定的社会环境也促进了客家人习武之风的形成，促进了客家传统武术的传承和发展。青年时期的李威光曾经说过“书要读，拳要练，老婆不娶都随便”的自勉之语，其武举夺魁之后，这一说法在坊间流传，成为敦促青少年读书习武的经典事例。

李威光是清代梅州客家人中通过习练武艺，参加武科举考试最成功的人，他被钦点为武状元，出任南澳总兵，镇防海疆。其次，同为五华人的曾琼琲，被钦点为武科举殿试榜眼，退休后返乡被尊称为“榜眼爷”。另外还有蕉岭徐庆超等 20 位武进士，以及近 200 名武举人通过武科举考试获取功名的积极例子，发挥了正面推动武术在民间传承的良好作用，形成了浓厚的民间习武之风。清代丰顺县上阳人罗镇瑞（1713）、罗甸（1723）、罗佳雄（1723 年中武举，1727 年中武进士）、罗起滨（1724）在 18 世纪初高中武举人，数十年之后有罗氏家族罗智勇（1753）、罗应玉（1789）先后考中武举，罗尚德于光绪年间中武进士。[②] 丰顺横坑田背人吴元发于清乾隆辛卯科（1771）中武举，其后横坑村先后出了武进士吴庆平（1801，嘉庆辛酉恩科），以及邹庆昌（1804）、邹鹏飞（1807）、邹文贞（1835）、邹名标（1870）等 4 位武举人。而张云龙（1774）、张全斌（1777，解元）、张凌云

---

① 梅县地方志编纂委员会编：《梅县志》，广州：广东人民出版社 1994 年版，第 1012 页。
② 丰顺县地方志编纂委员会编：《丰顺县志》，广州：广东人民出版社 1995 年版，第 1129 页。

（1783）、张登魁（1818）4 位武举人则都出自丰顺双溪。[1]

蕉岭县已知的 9 位武进士分布也相对集中，兴福乡叟乐村 4 人，中试年代从 1712 年到 1795 年间；蕉城镇城西村 2 人，分别为徐光龙（1784）和徐振江（1805）。[2] 兴宁县何麟图（1630）、何麟壮（1636）、何麟毓（1639）[3] 三位武举人不仅同村，而且为同胞兄弟，有“一门三武举”之美称。著名的叶剑英元帅幼年时期曾在梅县祖屋跟随其父习练武艺，其父叶钻祥为清代后期的武秀才。

叶剑英幼年时期习武所用的器械（摄于梅县叶剑英元帅纪念馆）

上述资料显示，清代后期梅州客家武举人和武进士多集中出现于一地或一个家族的几代人。显然，这种现象在崇文重教的客家群体中出现，除了是出于生活和生存对传统武术的诉求外，还应该归因于武科举制度的存在为文武并重的客家男丁铺就了一条通过习武参试而一朝成名，从而进身仕途的晋升通道。一个村落的习武成功者往往横向地影响其生活环境中的村落和地域，以及纵向地影响自身家族或村落

① 丰顺县地方志编纂委员会编：《丰顺县志》，广州：广东人民出版社 1995 年版，第 1131、1132 页。

② 蕉岭县地方志编纂委员会编：《蕉岭县志》，广州：广东人民出版社 1992 年版，第 730、731 页。

③ 广东省兴宁县政协文史资料研究委员会编：《兴宁文史》（第 22 辑），1997 年，第 92 页。

的几代人，故而在当地形成浓厚的习武民风。正是基于武科举人才的存在和影响，以及客家人勇敢刚毅、吃苦耐劳民性的滋养，新中国成立前五华县境内几乎村村设有武馆，在腊月农闲时节，不少农民聚于武馆，延师授艺。练习内容有拳脚、刀、矛、剑、棍之术，习武之风非常浓厚。其中新桥张屋角、水寨下坝、龙村长湖、员瑾蓝屋、安流樟潭、华阳华东、华城吊钟寨等地，习武之风尤为浓厚。

3. 以勇士与将军为路径的价值取向

人类学家曾经考察了客家地区人们祭祀崇拜的神庙，认为这些神庙除了反映客家崇文重教、喜好读书的民性外，还有许多信息反映了客家人崇尚军功的民性，主要体现在与“武”、“忠义”相关的庙宇的存在上。例如，在大埔县茶阳镇非常著名的“父子进士”牌坊侧面，就矗立着“关岳庙”，供奉抗金名将岳飞和武圣关羽，分别代表着传统文化中强调的对于家国的“忠”和对于手足的“义”，庙门楹联“精忠动日月；义气贯乾坤”，彰显着客家人对以武进取、以武报国的内隐式精神诉求。

黄埔军校是中国近代历史上第一所军官学校，黄埔军校培养的军事人才为中华民族的独立作出了卓越的贡献。梅州市革命历史博物馆资料显示，在黄埔军校第一期至第四期的学员中，共有梅州人 150 人，其中有不少客家军官在民族独立和解放的过程中作出了巨大贡献。蕉岭县客家人谢晋元将军，黄埔军校第四期毕业，其叔伯兄弟中还有谢晋通、谢晋荣、谢汉勋、谢汉忠 4 人先后毕业于黄埔军校。在 1937 年的淞沪会战中，谢晋元受命率第 524 团第一营官兵 411 人向南推移，留守闸北，掩护大部队撤退。谢晋元带领部队奉命死守上海四行仓库，坚守 4 天 4 夜，击退日军 6 次进攻，被当时的报纸媒体拿来与楚汉相争时田横的五百义士作比较，毛泽东颂其是“八百壮士”，谢晋元的英名也因其保家卫国的民族英雄行为和不屈精神而被人们广为传颂。

毕业于黄埔军校的谢晋元兄弟五人（摄于蕉岭县谢晋元故居）

谢晋元卧室内的两把椅子，铭刻着“明道”、“尚武”（摄于谢晋元故居）

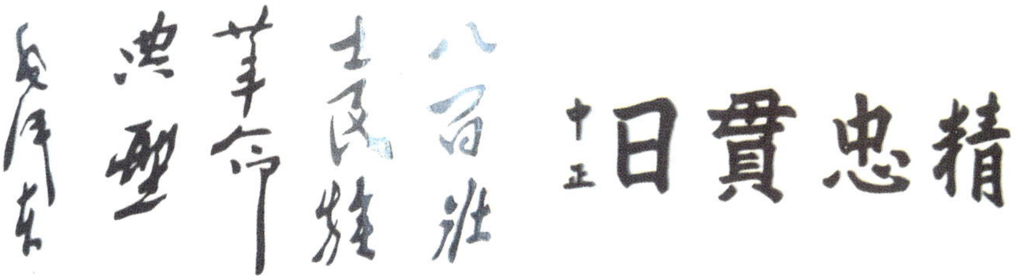

毛泽东与蒋介石对谢晋元抗战的题词（摄于谢晋元故居）

第 88 师 524 团团长谢晋元部在四行仓库与日军激战（中国第二历史档案馆提供）

自 1911 年辛亥革命以来，梅州籍将军共 477 人，其中上将 10 人，中将 99 人，少将 368 人（中国客家博物馆将军馆资料）。可见，在客家人的文化意识层面，尚武和尚军功具有重要的不容忽视的地位。

综上所述，生活在岭南山区的客家人群，在秉承传统农耕文化的同时，形成了吃苦耐劳、勇敢尚武的地域文化。在“移民”和“客家”的现实中，面对匪患与械斗频发的社会环境，形成了男丁尚武和通过武科举出世的文化风貌，以及近代以来所涌现出的众多将军和勇士，无一不成为客家人“硬打硬”的山地民性的行为诠释，彰显着客家人传统武术文化的深厚底蕴。

（二）武科举制度与嘉应武举人才

1. 武科举制度概况

武科举制度滥觞于隋朝大业元年（605）开始的科举取士，并于唐代武则天长安二年（702）开科，成为选拔勇力之才，以充武官之肇始。其后宋、明、清各代沿袭，迨及清光绪二十七年（1901）因近代火器盛行而“与兵事无涉”、“无所用”被废止，[①] 历经了近 1200 年时间，虽然时兴时废，但也涌现出了郭子仪、戚继光、俞大猷等著名军事人才。

---

① （清）刘锦藻编纂：《清朝续文献通考·卷八十八·选举考五》，北京：商务印书馆 1955 年版。

唐代的武科举考试侧重武艺，主要考举重、骑射、步射、马枪等技术；此外对考生身体形态亦有要求，要求身体强壮。宋代是我国文化和工商业蓬勃发展的重要时期，因而宋代朝廷重文轻武，在武科举考试中规定不能只有武力，在武艺技能考试之后要增加“程文策略”，试题源出时事边防和孙吴兵法等武经七书。为了保证武科举考试生源的素质，宋朝官方开办了武学，针对武科举考试进行专门教育，培养人才。到了明朝，考试顺序和内容都有所调整，“先之以谋略，次之以武艺”，如果在答策的笔试中不及格，则不能参加武试。后调整为先试马箭，即骑射，以三十五步为距，九矢中三方能合格；次试步射，以八十步为距，九矢中一为合格；① 最后试策问。

清代武科举考试内容为第一场考马射、步射，第二场考开弓、舞刀、掇石。两项都合格者可参加第三场笔试。因而清代的武科举技能考试简称为“马步箭，弓刀石”。骑射每人两轮共六矢，中侯三矢为合格；步射每人九矢，中侯五箭为合格。技勇考试所用硬弓分为八力、十力和十二力三种，一力为十斤，要求参试者把硬弓开满；刀分八十斤、一百斤和一百二十斤，要求参试者能将选用之刀舞花；石分二百斤、二百五十斤和三百斤，要求参试者将巨石掇起，离地一尺为合格。第三场为内场笔试，默写武经一段，以不错漏及字体端正为合格。清代武举分乡试、会试及殿试三级。乡试分三场，首场考马射，第二场考步射及技勇，合称外场，第三场默写武经。会试亦分三场，内容与乡试相同。武科举考试的详细规定在不同朝代的不同时期都不尽相同，上述为清代中后期较为固定成熟的考试内容和方法。

明末崇祯四年（1631），参加考试的武举人中仅有王来聘和徐彦琦两人能够娴熟使用一百斤重的大刀，武科举会试放榜之后，两人却名落孙山，未被录取，一时舆论哗然。崇祯帝遂亲执殿试，并钦点王来聘为明代第一位武状元。自此开始至清末，武科举考试由皇帝主持殿试成为规章定则，并在传胪大典上钦点一甲三名进士及第。故而，武科状元多出自清代。清初典制明确规定，一甲进士或授副将、参将、游击、都司，二、三甲进士授守备、署守备。以后武状元授一等侍卫，榜眼、探花授二等侍卫，二、三甲进士授三等及蓝翎侍卫，获得这些

① 许友根：《武举制度史略》，苏州：苏州大学出版社 1997 年版，第 55 页。

官衔后，再到兵部选实职官。①

客家地区，民风尚武，不少人通过武科举考试出仕为官，屯戍边防及各镇军营。据《乾隆嘉应州志》记载，明代梅州各地已有嘉靖年间颜通、李锶（皆五华人），万历年间方登元（兴宁人，乙卯科武科举）以及颜迪、李尚荣（皆五华人）② 等武举人才，但因年代久远，可查阅的史籍文献所载的大多数武科举人才都出自清代。

清代各县也设武学，培养武科人才，各县武学都定额招生。兴宁清初定额十二名，至清末酌有增加，约二十名。长乐县（今五华县）武童入学清初八名，道光时为十三名，光绪元年（1875）增至二十名。据文献记载，兴宁县武童参加乡试，“外场试骑射，驰马发三矢，中鹄者续试内场，不中者淘汰。内场试步射，在考棚内发箭五矢，全中者或有二三中者，续试后场。后场先试硬弓，弓分三等，十斤为一力，最硬者十二力，最弱者为八力，能引满十力以上者，可再试刀、石。刀分三等，头等重一百二十斤，二等重一百斤，三等重八十斤。应试者以能举刀且舞花者为及格。石亦分三等，头等重三百斤，二等重二百四十斤，三等重二百斤。应试者以能掇石加膝，或加胸腹间而不竭蹶者为及格。三场试毕，复试内场，默写武经百余字，按武学额择优取录，即为武生（又称武秀才、武庠生）。武生也要入县学，并参加岁试，定期接受考核。武生乡试于文乡试后举行（十月），亦考较弓、石、马、箭、刀，另作论二篇和策问一篇。由抚院将军取定，中式者为武举人。为武举举行的宴会叫鹰扬宴。广东武举每科取六十四名。查兴宁县咸丰以后的武举人，只有一名陈德元（光绪癸巳恩科）。武举会试（乡试后的次年九月）术科与乡试同，取录约为文进士的一半。清代我（梅）县有武进士十人，都是嘉庆以前中式的”③。

客家人重视文化教育，强调“耕读传家”，把通过读书科考，出仕为官作为参与“治国平天下”的手段，以及家族和个体进身中上层社会精英的主要渠道。文、武两科的科举考试制度，为秉持耕读、兼

① 王霞：《中国武科举制度》，http：//www.bjdclib.com/dclib/subjectdb/exam/examlow/201001/t20100126_30450.html。

② 程志远、王洁玉、林子雄、谢维怀整理：《乾隆嘉应州志》，广州：广东省中山图书馆古籍部1991年版，第590页。

③ 王鉴文：《科举制及晚清兴宁选举记略》，载广东省兴宁县政协文史资料研究委员会编：《兴宁文史》（第9辑），1987年，第21页。

习武艺的客家人铺就了一条通过武举考试博取功名的晋升通道，并诞生了许多武进士和武举人。

2. 明清时期嘉应各属武科举贤才统计与分布

武术作为中华民族最具代表性的传统体育活动和身体文化名片，在冷兵器时代受到官方和民间的高度重视，民间通过武术的传承和习练，强身健体，保卫家园；官方通过相对规范的量化科举取士，为国家遴选军事人才。客家地区艰苦的自然条件，迫使客家男性崇尚武术，重视武科举制度。研究客家文化的罗香林先生曾在《客家研究导论》中关注过客家武术文化，其中提到“三十年前（19 世纪初的清末），客家地方，男子中学过武术的，差不多可占百分七十”[①]。客家尚武的风气和武术广泛、深厚的群众基础，成为客家地区明清武科举人才大量涌现的必要文化支撑。

本书中使用的客家武科举贤才文献仅以籍贯为梅州的人为对象。据不完全统计，客都梅州下辖各属在明代共培养出武举人 9 名（据《乾隆嘉应州志》），其中 5 人出自兴宁，4 人出自五华。而清代武进士共有 58 人，武举人至少有 433 人之多。但因其文献记载相对分散，加之年代邈远，故而具体姓名及籍贯难以详尽。可查询的武科举人才名录、年份、籍贯及职务见后文。

清代梅州武科举贤才统计表

籍贯属地	武进士人数	武举人人数	各地武举人比重
梅县	22	193	44.6%
蕉岭	9	21	4.8%
兴宁	10	76	17.6%
五华	14	101	23.3%
丰顺	3	30	6.9%
平远	0	12	2.8%
合计	58	433	100%

从上述各类历史文献中分散记载的部分武科举人才数据来看，清

① 罗香林：《客家研究导论》，上海：上海文艺出版社 1992 年版，第 181～183 页。

代武进士大部分出自梅县、五华、兴宁、蕉岭四地，而武举人主要出自梅县、五华、兴宁三地。可见，梅州武术文化主要传承于兴宁、五华、梅县、蕉岭四个县市，这一结果也与兴宁、五华、蕉岭三县民间习武之风浓厚，各村寨常设武馆、延聘武师教人习练的习俗有关。而梅县作为清代嘉应州治所，在政治、经济、文化等方面成为嘉应各属的中心，能够吸引并汇聚民间各传统武术门派的精英，以传播传统武术，因此习武人口最多并且产生的武进士和武举人数量也最多。

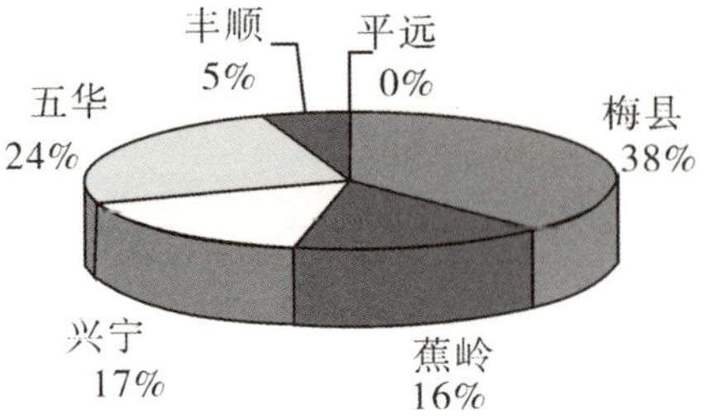

各县武进士数量分布示意图

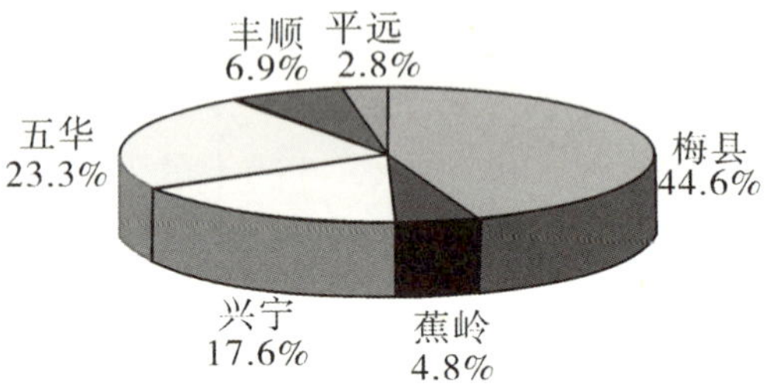

各县武举人数量分布示意图

3. 嘉应武科举人才的特点：“非常”文气

沿袭唐宋武科举考试历史并不断完善的明清武科举考试制度，不仅仅对应试者所具备的武功气力、骑马射箭技术要求严苛，而且在考试中完善了对应试者传统文化功底的考核，即默写武经七书的原文内容，以及书写边防事实的策略应对等。明清武科举考试制度是社会各个阶层通过武学修炼以改变自身社会地位和获取社会资本的公平竞争的通道，在崇文重教和文武双修的以农耕为主要经济形式的客家地区格外受到青睐。历代武进士多以担任宫廷侍卫以及参将、游击、总兵等武将建功立业，客家武进士也不例外，但客家武进士在“文化”上的造诣似乎表现得更为突出，从而彰显出客家人各个阶层普遍拥有的“文气”。

首先，在嘉应州客家武状元李威光的生平事迹和科举考试传说中，最为客家人称道的不是其为官数十年捍卫海疆的卓著军功，而是其于殿试场上“狮子滚球”和“捺地割葱”的典故。这两则故事讲述的是武科举殿试时，有人将考试规定的器械用具武石和大刀涂上润滑剂，导致李威光出现失误，而正是这些意外状况的出现让李威光急中生智的能力和妙语连珠的文化功底得以展现，并使其最终夺魁。历代科举考试，作弊现象的确时有发生，但是在康乾盛世的历史时期，敢在天子眼前对殿试器具动手脚，而且两场考试的器械都被动了手脚，显然不太可能。而且，一甲进士及第和二甲进士出身的内场策论试卷都应由主考官呈报，皇帝在殿试前阅览。因此，对于武进士一、二甲的确定，策论文章的成绩以及殿试技勇都占有相当的比例。

基于上述分析，李威光高中武状元不应归功于其殿试的“急能生智”，而应该是由其所具备的强大的技勇、射箭能力以及对《六韬》、《三略》、《孙子兵法》等武经七书经典武学理论的熟练掌握和运用所决定的。“狮子滚球”和“捺地割葱”的典故一方面揭示了李威光对于意外的掌控能力，另一方面也反映了习武多年的李威光对于经常练习的武石和大刀发生问题时的解决能力，以及其踢动武石运用的高超腿上功夫和单臂挥刀的超强臂力。

其次，蕉岭县武进士徐庆超的传说故事中也有于殿试考场“狮子滚球”一事，即便殿试器械被动了手脚这一事件属实，两则相同的典故其一也必定有不实之处。无论徐庆超“狮子滚球”和李威光“捺地割葱”的典故是否属实，从这一文化现象的本质来说，应该是客家人精神世界里对于“武士修文”社会现实的文化成像，反映了客家人对修文与习武两个不同领域的兼顾。

徐庆超是客家武进士中“文气”最足的一位，其书法造诣在当时的确有独到之处。尽管其书法是在中试后为官期间练就的，但其于行军打仗中携带笔砚，精心钻研书法技巧的行为习惯，以及所著《字林便览》的留世，去官后“仅存书数箧”的事迹等也都证明了作为武将的徐庆超已将书法等文事活动视为其生活的必要内容。正是他将书法生活化，最终形成了“刚柔异欧虞，筋骨判颜柳”这种为行家所赞誉的武将书法。《春波洗砚图》是徐庆超晚年时，汤雨生为其所画的肖像，引得许多文人名士题诗赞颂，并形成了《春波洗砚图诗集》，其中题诗者有林则徐、李宗翰、张维屏、叶名琛、陈继昌、何子贞、宋湘等名公巨卿。可见，作为武将的徐庆超在“文化”方面有深厚的造诣，并在文人中表现出客家人习性中的“文气”底蕴。

再次，武科榜眼曾琼琲，辞官归里后曾将积蓄悉数捐出，购置田产以保障公学，保持对文教事业的重视和支持，这是其作为武科举人

才在思想意识层面对武科举考试中文化功底不可或缺的认识的行为体现。即使具有武科举榜眼的身份和数十年作为武官的经历，在晚年辞官之后，曾琼琲也经常教育子孙“耕读传家”、“耕读为本”，这揭示了在他和徐庆超等武进士的世界观中，对于物质的淡薄和对于读书修文等精神层面的追求。

最后，武进士修习文化，是武科举考试制度的需求，也是武进士作为保家卫国的武将之储备人才的内在需求。而在崇文重教的客家人群中形成的“书要读，拳要练，老婆不娶都随便”的俗语，排在第一位的就是读书，其次才是习练武艺，这种文武兼修的生活习俗理念，深刻推动着客家武术的普及和发展，为客家人尚武之风的形成提供了文化支撑。可见，基于民间盛武、崇尚军功的社会基础的客家武进士，所体现出的“非常文气”是整个客家社会结构中作为“客家人”的必要条件和社会习俗。

（三）朱家教与钟家教

中华武术是历史悠久、形式和种类繁多的传统身体文化。我国地域辽阔，疆土上分布着截然不同的自然地理地貌，滋养着各种各样的自然生物和人群，也形成了不同特色的地域文化。各自地域文化的主体在创造和传承民族文化的过程中，形成了风格和特点各异的武术文化，即门户林立、派系众多的中华武术。在全国129个拳种中，屹立着一簇由客家民众传承的武术流派，因其具备明显的地域特色而在客家地区广为流传，为客家民众所认同。其中，仅在嘉应各属就有朱家教、钟家教、李家教、刁家教、岳家教、流民拳、昆仑拳、刘凤山拳等8个客家武术流派，它们有各自的传承体系和技击特色。

1. 朱家教

朱家教，因其第一代传人为朱姓而得名，“教”即为门派、派别之意。朱家教最早的传人是梅州五华县（原称长乐县）楂水区乌石头乡人朱黄二，他在青少年时期即喜爱武术。后于“清乾嘉年间，商贾于闽省，拜少林高僧为师，十载寒暑，苦练有成。归里传术，至今已有二百余年”①。另有一种说法称朱黄二“原粗识武技，后到佛山拜师学艺，苦心习练有成，晚年回归故里，在族中传授武艺，颇负盛名”②。

朱黄二回乡后，在族人中传授武术，弟子众多，以其子朱亚南技艺最精，朱亚男又传艺于第三代朱进，朱进继承父业，以教武行医为生，所传弟子甚广。朱亚南和朱进后来在兴宁等地传播朱家教，此后朱家教兴盛于嘉应各属及周边，尤以五华、梅县、兴宁、丰顺汤坑为盛，在毗邻五华的河源紫金以及汕头也有传习。

罗香林在《客家研究导论》中也有关于朱家教的阐述：乾隆年间，“（五华人）朱阿南［与兴宁人钟路古（又称钟佑古），五华人李铁牛］同以武术著称，且为好友，初习客家旧传各种技击，已极其妙，意犹未足，乃同赴山东临城少林寺及瓦岗寨等地，苦习多年，尽得少林精秘；复与客家旧传武术，参合融会，兼内外功，创立新教（朱家教、钟家教、李家教）”③。从拳术起源看，无论是福建、佛山抑或是山东等地，都说明朱家教拳术并非土生土长的客家主体拳术，而是在引进客地武术之后融合形成的“本土武术”。

朱家教在风格上属于南拳类武术，属虎形，掌力凶猛，丁字马，弓箭步，讲求稳扎稳打，突出技击的实用和防身健体的作用。朱家教的主要内容有：粗五项、幼五项、七星步、对手、凤爪三角掌、和手、百日早、直摇手、曲摇手、上拣膝、十八排尖棍、对拆及对拳等。基本步型以弓、马、跪、蝶为主；掌法有单、双掌，穿杨掌，直、曲摇手掌；手法有滑、脱、虚、实、挑、扣、劈等。身型要求悬头坠顶，空胸紧背，抱膝裹裆，出手与眉平，后手紧贴肋。其基本特点是：高马硬桥，以手为主，手脚配合，动作连贯，闪转灵活，变招迅猛，以目传神，气沉丹田。④

兴宁朱家教拳术有一百零八招式、七十二招式，以出掌有劲力见长。手法分直摇手、横摇手、上顶膝等。苦练朱家教拳一百天后即能

① 邢力民：《兴宁的朱家教拳术》，载广东省兴宁市政协文史资料研究委员会编：《兴宁文史》（第24辑），1999年，第316页。

② 《朱家教》，百度百科，http：//baike. baidu. com/view/101475. htm。

③ 罗香林：《客家研究导论》，上海：上海文艺出版社1992年版，第183～185页。

④ 《朱家教》，网络孔子学院，http：//kungfu. chinesecio. com/article/2009 －09/25/content_68487. htm。

娴熟运用，故而又称百日早拳。其理法要诀如下：身正不邪；马稳扎实；眼，灵活看四方；力，出招出力平均；活，练习与实用随机灵活；脱，判准对方，化险为夷；跟，如敌来势，看出破绽即跟上不放；软，如敌力比我大，则用柔制刚；勤，自拜师后早晚勤习。[①]

兴宁朱家教师从朱进父子，为朱家教的第四代传人，知名拳师有陈洪古、柯彩堂、赖名彪、邢伟南、范寿荣、陈荫棠、刘飞腾、邹金海等，20 世纪初期至 1949 年曾在兴梅各地设武馆授徒。邹金海一度成为 1949 年后兴宁朱家教的代表人物，其门下李兰芳、何耀新、肖跃新、邢力民、陈春添、罗坤等为朱家教的第五代传人。邹金海在授徒过程中，秉承武医结合的传统，强调习武要先学药，以为防身。他亲身传授跌打正骨、内外伤科技方。后来兴宁中医跌打正骨伤科医师多出自其门下。

武术文化是非物质的，其传播需要人的流动，而武术主体的流动也必然推动武术文化的传播。兴宁朱家教武术的传播即为朱进父子的流动而致。五华县水寨人黄振强学艺于朱进，为朱家教第四代传人，20 世纪 30 年代曾到汕头传播朱家教拳术，其中同乡钟庭芳、蓝本青和古先生得艺于黄振强，为朱家教第五代传习者。蓝本青和古先生后返回五华县生活及教拳，现五华朱家教的会长古迪芳即为古先生后人。钟庭芳则留居汕头传习朱家教。结束汕头教拳之后，朱进辗转去南洋传拳。[②]

2. 钟家教

钟家教也是客家地区传统武术中的一个重要流派，起源地和主要传承地域都在兴宁市各乡镇民间。清朝乾嘉年间，永和镇锦洞村人钟佑古，在毗邻梅州的福建上杭县经商，拜当地名师吴宗均为师习练武艺。[③] 艺成后，归梓里设武馆授徒传艺（约 1835），传承至今近两百年，钟家教在梅州客民中影响较大，驰名省内，甚至在香港和海外南

---

① 邢力民：《兴宁的朱家教拳术》，载广东省兴宁市政协文史资料研究委员会编：《兴宁文史》（第 24 辑），1999 年，第 317 页。

② 王亚强：《客家武术文化渊源考——依据广东梅州客家人所从事的武术内容与形式来探讨客家武术渊源》，华南师范大学硕士学位论文，2008 年，第 25 页。

③ 邢力民：《钟家教拳师陈伯芗》，载广东省兴宁市政协文史资料研究委员会编：《兴宁文史》（第 24 辑），1999 年，第 318 页。

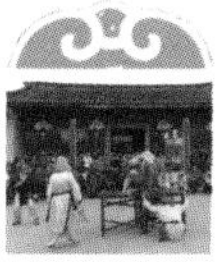

洋各地客民中也有传习。

钟佑古对武艺技击的钻研如痴如醉，喜欢与人比试较武。在他返回兴宁乡里授拳期间，“四方来角力的，日不暇给，大体皆给惨败而去”①。钟佑古和钟家教拳术的声名也因此大振，来投师学艺的徒众很多。其子钟壮生、坭陂镇陈伯芗以及刘大四、伍木生、邢伟南、王西生、陈荫棠、张嘉善、钟壬秀、钟一丰、潘梅生等都是钟佑古之后钟家教拳术有所成者。

20 世纪 80 年代，作为民族传统文化瑰宝的传统武术，受到了相关部门的重视，规模宏大的全国武术挖掘整理工作遍及城乡。兴宁市钟家教拳术以及朱家教、李家教作为客家传统武术的代表，参与了广东省传统武术拳械的展演和录像。钟家教以陈春添为代表，朱家教和李家教的代表分别为邢力民和廖敬恩。

钟家拳的特点是只有拳术套路和对拆，没有器械。拳法内容中多用掌法，少用拳法，不用腿法。在步法上，丁不丁，八不八，故而称之为“丁八步”。在掌法上五指伸张，不是虎爪，也不是柳叶掌。在身型上要求蛇头、龟背，在步法上要求扎实稳健，变化多端。动作有时温柔和顺，有时刚劲威猛。钟家教有拳歌概括其特点：丁不丁，八不八，马步要稳扎。蛇头龟背，腰身锁金甲。发劲须迅猛，出手推、插、劈。出云步时，前脚尖内扣，后脚尖亦稍内扣，前后形三七步马。

力量在实战中占有极其重要的地位，武谚云“一力降十会，一力压十技”。力量是习武者最基本的素质，是武术技艺的素质基础，力量素质的好坏直接影响习武者其他素质，进而影响其整体水平。俗语说“练武不练功，到老一场空”，加上钟家教第一代传人钟佑古喜欢比武实战，因而钟家教形成了一套专门的功力练习方法和手段，利用特制的竹竿、吊瓶（石笋）等辅助器械，分别针对习武者的手腕、手指抓握、门户防守、实战步法以及击打劲力进行训练。内容和方法如下：

1. 抓握竹竿：竹竿长约一尺五寸，粗约三毫米直径。用阴阳手握

① 罗香林：《客家研究导论》，兴宁希山书藏，1933 年，第 183 ~ 185 页。转引自王亚强：《客家武术文化渊源考——依据广东梅州客家人所从事的武术内容与形式来探讨客家武术渊源》，华南师范大学硕士学位论文，2008 年，第 24 页。

住竹竿，先向内抓握，直至疲劳为止。目的是训练腕力。

2. 抓吊瓶口：瓶重 5～20 斤，瓶内可贮水或沙。先用右手抓吊，再用左手抓吊，然后左、右手轮流抓吊。目的是训练指力。

3. 手法训练：两掌在胸前，一上一下。右手逆时针画弧，左手顺时针画弧，然后改为左手逆时针画弧，右手顺时针画弧。目的是训练上路及中路的防守能力。

4. 步法训练：用双手叉腰，用丁八步先向右前进，再向左前进，练习转向后继续前进。目的是训练前进出击的能力。

5. 气劲练习：吸气后突然做抓掌、鞭掌、顶掌、顶腕等动作。目的是训练劲力。

钟家教的拳术有软拳二十四手，硬拳二十四手。散手有双手合、豹力断掌、双龙抢珠以及双人对拆对打等。软拳套路以使用柔劲为主，变硬为软，软硬结合，套路动作名称如下：

1. 开步立正
2. 丁八步双抢插地
3. 双虎旋抛手
4. 进步左虎拦防右手缠压（三次）
5. 手内旋抱拳于腰
6. 有后射身右劈手
7. 双手推掌
8. 丁步双手左旋下劈
9. 双掌前拨推
10. 反弹掌
11. 左跨步前推掌
12. 右双手前拨推
13. 反弹手
14. 右跨步前推掌
15. 双缠寻腰抱拳
16. 左右转身右劈手
17. 进步左虎拦防右手缠压（三次）
18. 退步左拦防右缠压
19. 缠手后转体
20. 收势

硬拳套路桥手刚劲、发力迅猛，尤以插掌、推掌、劈掌等较为突出，其动作内容为：

1. 开步立正
2. 丁八步下蹲双插手
3. 开关
4. 上挑双手前插

5. 胸前缠手
6. 右凤眼拳旋腕前冲
7. 左凤眼拳旋腕前冲
8. 右手收拳抱腰
9. 上左步左推掌
10. 左旋腕前插掌
11. 左手回收抱腰
12. 右前上步右推掌
13. 旋腕单指手
14. 外关手右掌背外顶
15. 右掌下压前插掌
16. 双手外旋抱拳腰间
17. 左右转身右劈手
18. 右上步右凤眼拳前冲
19. 右腕内旋外顶
20. 前冲后右拳抱腰
21. 上左步左掌前推
22. 左腕内旋，半月利剪草
23. 左掌前插
24. 上右步右推掌
25. 右单手指、外顶
26. 右手内收，掌背外顶
27. 下压前指
28. 两拳抱腰
29. 左右转身
30. 左缠手左手下插拳
31. 左手反提右下插拳
32. 跪步下劈拳
33. 缠手双抱拳
34. 收势

钟家拳劲力分为五种，所谓“五力”。五力者，是指龙、蛇、虎、豹、鹤，分别代表了灵活性、柔韧性、爆发性、刚劲性、平衡性。龙行土力，其灵活性有吞吐浮沉之功力；蛇行水力，其柔韧性有缠绕旋转之姿势；虎行火力，其爆发性有排山倒海之威力；豹行金力，其刚劲性有移身挨凭之形；鹤行木力，其平衡性有翻翻太空之势。[①] 运用时，各个动作架势所使用的劲力因具体动作而不同。

钟家教拳术在形成和传承的过程中，形成了软、硬两种不同风格的拳术，软拳由陈伯芗在传拳过程中形成，而硬拳应为喜好与人比试较武的钟佑古所形成。陈伯芗，兴宁市坭陂镇东山寺人，出生在农民之家，师从钟佑古习练钟家教武术。十年寒暑，刻苦学练。陈伯芗学成返里后，得其师同意，正式开武馆授徒传艺。数年后，又在兴宁南区及梅县、平远、五华等县开武馆十多间，盛极一时。因自思本人身材矮小，为扬长避短，将师承的钟家拳加以改进使之刚柔并济，并自创一套软番拳，以便于体弱力小者研习。故此，现兴宁钟家教拳有两

---

① 邢力民：《钟家教拳师陈伯芗》，载广东省兴宁市政协文史资料研究委员会编：《兴宁文史》（第24辑），1999年，第318、319页。

种套路，一种以硬拳斗气力见功，一种以软拳为主，刚柔兼蓄。

陈伯芗后来曾经香港辗转到马来西亚及澳大利亚闯荡谋生，在南洋期间，为保同宗陈飞龙的药行得以生存而大显身手，制服恶棍歹徒。自后客家华人在当地之同乡会及良安堂组织，纷纷聘请他传授武术。后来陈伯芗开设武馆，传授客家钟拳，将“重武德，勤奋学习，见义勇为，不得无端滋事”立为规章，激励门人。[①] 可见，陈伯芗不仅在钟家教本土纵向传播中起到过发展、丰富拳种，以及开馆授徒的重要传承作用，而且在钟家教远播南洋客家的横向发展过程中，也是参与武术传播的重要主体。

（四）李家教与刘凤山派武术

1. 李家教

李家教是自李铁牛开始在民众之间流传的一种传统客家武术，也属于南拳类武术。李铁牛系梅州市五华县水寨镇人，生于清乾隆四十三年（1778），卒于1874年，因其武艺高超，开创李家教并在兴梅客家人中流传而与钟家教开创者钟佑古、朱家教开创者朱阿南并称为“兴华三武杰”。相传其先辈约于清嘉庆十年（1805）经商于浙闽一带，与一少林和尚相交甚厚，遂从彼处习得此拳。

李铁牛传拳法于其子李崇寺、孙李光壬。李铁牛子孙曾来到潮汕平原一带授艺，故被冠以李家教之称，其孙李光壬对李家教拳术的传播贡献最大。李光壬（1864—1940）自幼得到祖父和父亲的悉心传授，技艺精熟，中年时曾应聘到暹罗（泰国）开馆授徒。民国二十四年（1935），平远县人黎华通曾与李光壬到普宁县洪阳镇、流沙一带开办武馆16间。李家教主要流传于五华、兴宁、丰顺、平远等兴梅各地以及粤东汕头、揭阳、揭西、普宁、惠来、潮安等潮汕各属，还远播香港地区及东南亚各国。

李铁牛拳术高超，有催步五十二、插手七十七，以吞吐手、鹅剪、催步、接手、接箭五个套路最为著名。[②] 李家教的套路结构完整，动

---

① 邢力民：《钟家教拳师陈伯芗》，载广东省兴宁市政协文史资料研究委员会编：《兴宁文史》（第24辑），1999年，第320页。

② 五华县地方志编纂委员会编：《五华县志》，广州：广东人民出版社1991年版，第563页。

作紧凑，稳扎稳打，劲力饱满，如驰步拳、吞吐拳、吊插拳等。每路拳套起止一条线，以正身正门攻守著称。李家教武术传承的拳术套路有吞吐拳、双山月拳、驰步拳、鹅剪拳、接步拳、插挤拳、吊插拳、软打拳、接手拳；器械套路有十八虎桩棍等；对练套路有拳对拳、棍对棍等。

李家教拳不以花哨的架子外显于人，而立足于实用技击，是一种大马大势、善攻能守、以攻带守、稳扎稳打、进退有方的优秀拳种，包括套路、对练、排打功。

李家教拳的套路结构严谨，动作紧凑刚劲，发劲饱满，进攻技击性强。每个套路一般都遵循一定的起收式，多以步法、手法、劲法命名，其中以手法命名的有吞吐拳、双山月拳和鹅剪拳，动作简单朴实而实用，须久练而后知真谛，门内徒众有“三年吞吐”、“四年鹅剪”之说，可见李家教对作为传统武术实战中“门户”防守与进攻手法练习的重视，将其作为基础功夫进行训练；驰步拳、接步拳是以两个步法命名的套路，动作较多，是此拳必修的套路，有“吞吐练得起，驰步练至死”的说法；最后是以劲法命名的插挤拳、吊插拳、软打拳，这三个套路主修挤、吊、插及柔化之功，特别强调对“中节”腰部的劲力运用。

李家教拳的主要技术特点：

李家教拳术在习练时对颈部、躯干、腰腹等部位有具体的要求：虎颈、石碑身、瓦楞腰。虎颈是要求抬头直颈，目视前方，如猛虎前视一般；石碑身则指整个身板中正如石碑一样，不偏不倚；瓦楞腰是指腰背挺而内含，犹如瓦楞之状，能蓄势待发。

李家教拳的步法为不丁不八，重心后移而成前三后七格局。对上肢的要求是沉肩落节，落节即是坠肘之意。桥手为短桥，要求肘离怀约一拳位，指尖约平眉梢，前臂始终守护胸腹。

李家教拳术中还有三盘四变的立体攻守理论升华，谓之“三盘四变，吞吐连环，刚柔相济”。三盘是指身体纵向的上、中、下三个防守位置，四变是指矢状面的上、下、左、右四个方向的变化。上变多指身法、手法，下变多为马法、步法，右移左发而变化莫测，故也称此拳作“三盘手”或“四变手”。吞为蓄主柔，吐为发主刚，一吞一吐，收发相间，刚柔相济。

李家教将上述对于身体部位、步型、身法等的具体要求形成了总结性的歌诀，将其贯穿于拳术和器械练习的过程中：

虎颈碑身瓦楞腰，沉肩落节手短桥。坐下不丁不八马，三盘四变自主张。

空胸沉气固中节，一吞一吐两相宜。欲得其中精妙法，苦磨苦练得天机。

前文提及1935年前后，黎华通与李光壬曾到潮汕普宁开馆授拳，在传拳过程中，黎华通不拘泥于原有功架而自成一格，套路活泼多变，沉马长桥，开放大方，形成李家教的一种新风格，为发展李家教拳作出了新的贡献。现在传承于潮汕地区的有别于原来风格拳术的黎华通所传李家教套路被冠以“新吞吐”、“新驰步”之名，也有人称其为“新李家教”。

2. 刘凤山派武术

刘凤山派拳械是客家武术流派之一，属于南拳系列拳种。在客家武术众多流派之中，多以“某家教”命名武术门户，只有刘凤山派拳械被冠以个人姓名，究其原因，则是该门拳术和器械由刘凤山创始。

刘凤山是粤东客家地区梅州市大埔县湖寮镇坡头坑人，生于清代中叶，活动于19世纪中前期。早在明末清初之际，出于防身自卫之目的，粤东大埔所属城镇、农村便有习拳舞刀的活动。特别是人丁薄弱的小姓族户，多集资聘请武术教头传授武功。在这种社会习俗中成长的刘凤山自幼便酷爱武术，十岁起与其三弟刘演山正式跟从族伯学拳（习武的另一种说法）。成年后闯荡江湖，以行医卖药和授徒习武为生，经常来往于大埔、潮州、澄海、丰顺一带。有一次，他和几个徒弟到潮州卖艺，受到当地年轻人的拥戴，他便在镇上的开元寺设馆授徒，一时间从学者甚众。由于武艺高超，潮州知府曾封他为“真正通城虎”，他还有“铁腿神手”之誉。刘凤山在长期的武术生涯中，悉心研究各名家拳法，冶于一炉，从而有了自己的独特风格，形成了刘凤山派武术。①

刘凤山派拳械迥异于其他客家武术流派。首先，从内容上看其拳械兼备，套路繁多丰富，且招式动作技击性强，手法着重于“一式三招”配合，招法多变，擅发短劲、肘劲。其次，在演练风格上，能开能合，能屈能伸，变化性强，狭窄与宽阔处打法各异：在地方窄小处，则短桥短马，小冲小打，在地方宽阔处，则长桥大马，横冲直撞；拳术和器械运动的线路灵活而多变，虚实分明，间有跳跃动作且能大方舒展；主动攻击时，跟进紧迫，左右开弓如暴风骤雨；被动防守时，连消带打，守中有攻。再次，从步法与劲力上看，四平大马、子午马、三尖马、吊马等各种步法，落地生根，刚劲有力，灵活而稳健；发劲则刚中带柔，软中带硬。最后，气势磅礴，讲究发声与动作配合，以气推力，以声助威。

梅州市大埔县是刘凤山派武术传承相对集中的区域，共传承刘凤山派拳术套路 14 套，器械套路 12 套，另有拳术和器械对拆套路 9 套。拳术内容：练颈、归心、移墙、盘雅、四门、中盘、长锋、虎尾、缠师、五虎下山、美女照镜、黑虎、黑虎练头、翠子登潭、醉八仙、彪指连环。器械内容：双铁尺、单铁尺、双刀、钩镰枪、藤牌单刀、双头棍、单头棍、十八木、大钯、双剑、单剑、大马刀、护手双刀、凳花。对拆内容：对桩拆、四门拆、盘雅拆、钯对藤牌刀、棍对藤牌刀、铁尺对藤牌刀、棍对凳、钯对凳、镰对藤牌刀。

刘凤山派武术传承至今，传人已有六代，国内主要分布在广东、福建、上海，海外则有新加坡、马来西亚、越南等地。继承刘凤山派武术衣钵者有 4 位，分别是张某、刘吉甫、刘汉中、刘某（女，佚名），是刘凤山派武术第二代传人。刘子臣和刘耀松等人是第三代，刘耀松是大埔县人，壮年时曾赴新加坡担任拳师，晚年返回大埔家乡。刘祥贵和蓝灼提等人是第四代。刘祥贵是大埔县湖寮镇新寨人，从七岁开始学艺，1945 年赴新加坡任椰浪崇侨国术馆馆长，并兼任万川国术馆总教练，1953 年返国后，担任大埔新村金狮团、国术馆总教练，在大埔传承刘派武术。刘凤山派武术第五代传人为郑加增，大埔县茶阳镇人，八岁开始随祖父习练武艺，十七岁拜刘凤山派武术第四代拳

---

① 谢如剑、许永集：《刘凤山派武术及其传人》，载中国人民政治协商会议大埔县委员会《大埔文史》编辑委员会编：《大埔文史》（第 6 辑），1987 年，第 103 ~ 105 页。

师刘祥贵为师，研练刘派武艺。后来担任大埔县体委武术教练，20 世纪 80 年代，与本省黄鉴衡、董德强、陈学均等人一起参与广东省武术挖掘整理工作，并获得“全国武术挖掘整理先进个人”称号。

（五）岳家教与流民拳

1. 岳家教

岳家教源于中原汉族传承的传统武术岳家拳，于民国初年传入客家地区，是客家武术流派中传入最晚的一种。岳家拳，相传由宋代名将岳飞自创并传留世人，因而以岳氏名之。岳家教，以进攻为主，以防守为辅，发力刚劲，动作实而不华。手法基本上以狮子口、开弓、削手、单鞭、直掌、翻身手等为主。

清末时期，岳家拳在湖南、江西、福建已有传承。福建龙山县石桥头西山一和尚习练岳家拳，该和尚又将岳家拳传于黄英道人，黄英道人的徒弟肖世泰是江西省太和县映阳圩人氏，遂将岳家拳传授给在江西经商的梅县程江槐岗人黄春楼。黄春楼回乡后，传拳械于黄玉汀。黄玉汀师从黄春楼艺成后，在梅县开办中华国术馆，收授徒众。门徒中黄任庭的技艺较为全面，后来，黄任庭又把岳家教回传给槐岗乡子弟。以中华国术馆为平台，岳家教在梅县各地广为流传，现梅州客家武术馆馆长何秋庭乃当今代表人物之一。

在梅州，大多数人称拳种为教，如李家教、朱家教等，因此岳家拳在传入梅州后，也被人依照习俗惯例称为岳家教。岳家教的拳术理论有“三催”、“五合”、“八法”、“十要”。

三催是指手催、身催、步催，催有快捷迅速之意。手催要求手法灵活快速，交手中使对方措手不及；身催要求身法躲闪灵活，使对方捉摸不定；步催要求进退神速，左闪右突，使对方如入迷雾。

五合是心与眼合、眼与手合、肩与腰合、身与步合、上与下合，周身融会贯通，动作一气呵成。

八法是指沉、托、分、闭、起、顿、吞、吐八种气息使用方法。

十要是指身、马、眼、力、活、脱、跟、软、硬、成十个字，是对上述十字所涉领域要求的精练概括。分别指：身桩要平正，马步要稳固，眼光要锐利，劲力要充沛，头脑要灵活，临危要解脱，搏斗要跟进，动力要软化，出拳要有硬功，练功要追求大成。

岳家教的技术特点是不用挑手、不用腿击，而多用掌法、拳法。攻击敌人以正胸为鹄的，有时也从侧锋插入。对敌原则为敌未动时我不动，敌欲动时我即动。拳式手手皆不离双推手法。

岳家拳拳械技术包括徒手拳术、器械套路、对拆套路以及练功方法。拳术套路有一盘珠、儒拳等；器械套路有岳家棍、傅家棍、三指钯、铁勾、双刀、板凳等；对拆套路有徒手对刀、板凳对棍、八人操、棍对棍等；练功方法主要有圈圆揸手、进退步和百日劲三种。

一盘珠拳套路动作：

1. 登场式（立正）
2. 预备（侧身、转头、叉腰）
3. 关公捋须
4. 马步托手
5. 马步开弓手
6. 转体背面开弓
7. 丁八步拦手
8. 狮子开口手
9. 单鞭直掌
10. 削手
11. 上步单鞭直掌
12. 弓步撒手
13. 狮子口
14. 单鞭直掌
15. 削手
16. 单鞭直掌
17. 卷手
18. 右弓步镊手
19. 单鞭直掌
20. 削手
21. 单鞭直掌
22. 丁步右完手
23. 虚步右完手
24. 收势

钩镰棍套路动作：

1. 起桩
2. 右脚钩
3. 左马拨
4. 右马拨
5. 左马拨
6. 向右蹲丁步拨
7. 起身向前插
8. 起脚挽向前跃进插
9. 向左转圆左拨
10. 上右马右拨
11. 上左步向前插
12. 向右转上右马插
13. 向左转圆左拨
14. 退左步向右拨
15. 退右步向左拨
16. 向右蹲丁步拨

17. 起身向前插　　　　18. 退右步收势

双头棍对板凳套路：甲持棍，乙拿板凳，二人对拆。

1. 甲：出右脚破脑劈击；乙：左弓步上拦。
2. 甲：向低指脚刺；乙：右下拦翻身上右步撞。
3. 甲：退右脚转双头托棍进右脚破脑劈棍；乙：退两步右上格。
4. 甲：向低插棍；乙：右下拦上左步翻身撞。
5. 甲：退右脚转棍尾劈棍；乙：退两步左上格。
6. 甲：换棍头劈击；乙：退左步右上格。
7. 甲：进步向下拦扫；乙：退右步成“万”字马左下拦。
8. 甲：破击（劈棍）；乙：上右步右上格。
9. 甲：退万字马拦扫棍；乙：原步左格跃步进马。
10. 甲：右破脑劈棍；乙：左上格。
11. 甲：退步左劈棍；乙：右上格。
12. 甲：低拦扫棍；乙：右下拦翻身撞。
13. 甲：双头击棍；乙：退步左上格。
14. 甲：进步换步棍头劈棍；乙：退步右上挑。
15. 甲：成万字马过棍；乙：退步左上格。
16. 甲：破脑击（劈棍）；乙：跃步跳翻身左上格。
17. 甲：收势；乙：丁字马收势。

圈圆揸手：由立正两手叉腰，左手由肋而上；同时右手由左肋而上，上至肩平时即转而向下，但右手由右肩下，左手由左肩下，环成一圆圈，到脐部才停止，上时手揸握为阳手，再而掌心向下，依法向前转圈收至腹前则为阴手（即拳心向下）。如是连续练习，直至手疲力乏时为止。

进退步：由立正两手叉腰，向前踏一步成弓箭步；同时右手由正胸向前抛起，左手也由正胸沉下向后作钩势。再而退后半步成丁八步，左手由身后向前抛起，右手由上而下后作钩势。如是反复练习，直至足疲手倦为止。

百日劲：丁八步，侧身，右足踏前半步，双手即用力向前吐出。手至肩平时，左手用力下沉，右手用力上举，气由鼻孔吸入，换用左足踏前半步，如法行之。要求一气踏上三几十步，然后再转背向去做，直至精疲力竭为止。

2. 流民拳

流民拳是客家拳术中不以某家姓氏为拳种名称的流派，也是没有以“教”作为拳种名称的流派。明清时期，长江以北之江湖豪杰多身怀绝技，被官府追捕，南逃途中到处奔流，最后将中原武艺传播于岭南各地，使其演变成为具有南方文化特色的地方拳种。因是出逃流民所教，故被称为流民拳，也正因此，流民拳的传承历史各地不一。梅州市五华县所流传的流民拳，史料记载来源于云南省景谷县望龙岗乡。① 据说是晚清时期，由袁寿士传给陈亚九夫妇，经这两人发展创编苦练而成。

流民拳在内容上，有拳术套路、对拆套路以及器械套路，器械有短兵器铁尺和长兵器枪。拳法多用箭拳、切掌、马指手，在步法上有四平大马、丁马步、方步、蝶步；在身法上以低马为主，步法上要求稳健扎实，左右变化多端，动作刚柔相济，以柔带刚，攻守兼备。流民拳的练功方法主要有蹲马、切掌手、跳跃进退步。蹲马的目的，是练习下盘稳固。练习的方法与南拳相似，先蹲马步式，身要正、胸要含、背要拔、步要平稳，后扎弓箭步、进退步和跳跃步。切掌手的目的，是练习掌劲与上肢力量。

流民拳之百花错拳歌诀：

流民拳出昆仑山，百花错拳藏机关。
错中将错错中错，天王托塔稳如山。
金鸡独立成战架，进退刚柔步连环。
节速虚实灵活用，弹劈横扫崩缠冲。
挑割勾斩坐莲法，练慢战紧莫放松。
金猴乞食成秘诀，仙女开弓手应侧。
刀劈华山快如电，九斩九飞左右连。
乌鸦晒翅转八挂，飞时对打手要狠。

① 王亚强：《客家武术文化渊源考——依据广东梅州客家人所从事的武术内容与形式来探讨客家武术渊源》，华南师范大学硕士学位论文，2008 年，第 27 页。

百花错拳套路动作：

1. 天王托塔
2. 过机手
3. 箭新
4. 龙车水
5. 三刀掌
6. 乌指手
7. 反掌冲拳
8. 朱家炮手
9. 前冲拳
10. 杈手
11. 观音坐莲
12. 美女照镜
13. 锅底抽薪
14. 鲫鱼扁背
15. 雄鹰展翅
16. 颇掌飞肘
17. 金鸡独立
18. 割掌弹踢
19. 抨勾搭肉
20. 尖刀见血
21. 金猴抢食
22. 比佳猴调情
23. 仙女拉弓
24. 刀劈华山
25. 飞踢右冲拳
26. 倒冲炮拳
27. 九斩手
28. 利刀削竹
29. 九飞指
30. 乌鸦晒翅
31. 眠桩
32. 阴阳八卦掌
33. 飞肘
34. 单刀直入
35. 挑击
36. 左西右拨
37. 上步弹踢
38. 满天星
39. 螺丝拳
40. 黄蜂卷巢
41. 收桩：两拳在腰侧，拳心向上

七片梅花枪枪法歌诀：

手执金枪把昆仑，蜻蜓点水连朝阳，
锁猴尖枪阴阳割，拣箭边扫锁挑枪。
排拦拿扎架回转，盾横厘拨挡迫连，
绞稳妥捞月抽枪，步行如飞川云切。①

① 《客家武术馆》，《客家武术馆宣传画刊》，1994 年，第 12 页。

七片梅花枪套路动作：

1. 蜻蜓点水
2. 单凤朝阳
3. 锁猴尖枪
4. 阴阳割枪
5. 左右边枪
6. 锉枪
7. 扫枪
8. 拦枪
9. 扎枪
10. 拿枪
11. 架枪
12. 回马枪
13. 回头枪
14. 箭枪
15. 盾枪
16. 排枪
17. 趟云拨枪
18. 前冲枪
19. 左右挡枪
20. 海底捞月
21. 泰山压项
22. 横扫
23. 鞭扫
24. 平半箭枪
25. 沉枪
26. 左右追枪
27. 绞枪
28. 卧虎
29. 削枪
30. 挑枪
31. 劲枪
32. 厘枪
33. 八字枪花
34. 犀牛望月
35. 架枪
36. 嫦娥射月
37. 风卷残云
38. 收枪

五　客家武林人物

在中国传统农耕社会中，“穷文富武”成为一种典型的社会现象，其归因于文武两事对身体的不同诉求。修文属静，练武多动，相对于修文而言，练武需要更多的体力消耗和营养补充，故而习文者多为穷人，练武者多出自富裕门庭。客家人也不例外，在客家传统习俗中，武艺习练到深夜时，一般要吃一顿夜宵，多为猪肉粥、鱿鱼粥一类的夜粥，俗称“吃夜粥”。久而久之，吃夜粥就成了民间文化中练武的代名词。坊间提及“你吃过夜粥吗?”就是问有无练过武功，而“你吃了多少夜粥?”便是问练武时间有多长。在“万般皆下品，唯有读书高”的传统文化意识形态支配下，客家人崇文重教，但“客家”的群体属性使他们必须秉承武事修习的理念，从而形成以通过科举为正途谋求个人价值体现和家族振兴的文化现象，也促成了客家武科举人才的大量涌现。同时，崇尚文武科举的文化意识，也成就了“三及第”、“五及第”的饮食文化习俗。

（一）“捺地割葱”武状元——李威光

李威光（1735—1793），字作楫，梅州市五华县华城镇黄埔村人，于乾隆三十七年（1772）考中武进士，殿试时被乾隆皇帝钦点为一甲第一名武状元，闻名府县。

李威光身材魁梧，高及七尺，自幼喜欢习武，刀、枪、棍、棒样样精通。弱冠后臂力过人，武艺出众，被录取为县学武生。乾隆二十五年（1760），以武生资格参加乡试，中恩科举人。后于1772年，赴京城参加壬辰武科会试，他的骑射、步射以及双手开弓、舞刀弄石都娴熟自如，技艺精湛，会试总成绩名列榜首，高中“会元”。之后参加乾隆皇帝主持的殿试，李威光以超人的力气和灵巧独特的武艺使全场喝彩。乾隆皇帝龙颜大悦，即钦点其为武科状元，并授予头等御前侍卫。

悬挂于李威光故居厅堂上的御赐牌匾（摄于李威光故居）

乾隆四十二年（1777），李威光调任广西提标左营游击。因生长于粤东江河纵横之地，又比较熟悉沿海情形，后任浙江黄岩镇（台州）标水师中军游击，再升福建烽火门参将。乾隆五十一年（1786），台湾天地会首领林爽文率众起义，军机大臣福康安檄调李威光领兵前往“征剿”。事态平息后，以军功加一级，升为台湾安平协水师副将，掌管水军，驻守台湾岛。后调为闽安副将，署理海坛总兵、南澳总兵，被乾隆皇帝敕封为“四世武功将军”（从二品）。后因病辞职回乡，卒于乾隆五十八年（1793），终年58岁。

李威光任南澳总兵时悬挂于总兵府“二进门”上的牌匾（照片引自中新网）

李威光出身于普通的客家家庭，是嘉应各属客家人中仅有的一位武科状元，在其金榜夺魁及第状元之后，当地客家人中流传着许多与其相关的趣闻逸事。其中最著名的就是李威光殿试时“捺地割葱”的故事。李威光准备上京参加会试，并请师傅同行指导和帮助，母亲卢氏为其收拾行李，以酒饭饯行。李威光背起行囊，起身欲出门找师傅一同踏上漫长的进京赶考之路。刚走到自家厅堂中，忽听到脚下“吱”的一声，低头一看，见踩死一只黄毛小鸡，李威光心里一怔，认为出门不吉，便折身回房。性格开朗、能言善辩的母亲便问他：“威光，你已起程，为何转回房来？”李威光双眉紧皱道：“在厅堂踩死一只黄毛小鸡，出门不利。”母亲听罢哈哈大笑，说道：“孩子，脚踏金鸡殿上行，大吉大利！”李威光听了母亲的话，舒展眉头，转愁为喜，重整装束，踏上征程。

李屋门前有一座木桥，因年久失修，有块木板已经腐朽，李威光出门上路，定要经过木桥，当他走在桥上时，桥板“咔嚓”一声，眼看就要断了。李威光心里着实不安，便又打马回来，母亲感到奇怪，问他又遇到了什么不如意的事，他把断桥之事说了一遍，母亲眼睛一转，笑道：“踏断木桥换石桥，好事好事！”李威光在母亲的鼓励下，又继续上路。当他走到一处荆棘丛生的小路上时，由于着急赶路，疾走生风，飘拂的青长衫不小心挂住了棘刺，被荆棘撕破了。出门三不利，李威光心里凉了半截，又转身走回家里，把撕破青长衫之事对母亲说了一遍，并说今天出门三不利，另择良辰吉日出门为好。母亲低头看着撕破的青长衫，抬起头来，笑逐颜开地对他说：“青衣脱去换紫袍，又是大吉大利的好兆头，你放心出门去赶考吧！”① 李威光三番两次得到母亲的激励之言，便转忧为喜，坚定不移地走出屋门，寻师进京。

师徒二人风尘仆仆地来到京城，离九月中旬的会试尚有些时日，师傅叫他好好休息，准备应考，切莫东走西闯，徒劳伤神。可是李威光却忙里偷闲，浏览了京城的都市风貌。有一天，他来到一处城门口，见门口挂着一把铁弓，弓旁贴着一张告示：谁人拉得开铁弓，奖白银五斤。其实，这把铁弓在四方举子云集京城时便已挂在那里了，据说

① 白眉：《状元李威光生平略及其传说》，载政协广东省五华县委员会文史资料研究委员会编：《五华文史》（第1辑），2002年，第47页。

是某个负责武科举考试的考官有个女婿上京赴考，他绞尽脑汁要让他的女婿成为今科状元，为了试探四方举子的武艺高低，便事先在城门口挂了一把铁弓，若拉得开者，就是比他的女婿武艺高强，这样他才能事先布置应对策略。李威光不知其中缘由，只想着通过自己的努力赚得银两以暂脱贫穷之境，再说拉开铁弓，轻而易举，何乐而不为？便走上前去，取下铁弓，运足力气，两手一拉，引开了铁弓，守护人看得目瞪口呆，依数付给银子后便问其姓甚名谁，住在何处。李威光详细回答后便拿着银子兴高采烈地回住地去了。

李威光回到住地，师傅问他这是从哪里弄来的银子，他便将在城门所遇之事说了一遍，师傅越听心里越觉得不妥，便沉着脸说："不好了，威光你闯祸了。"李威光心慌起来，不知如何是好。师傅思索一阵，舒展眉头，说："不要慌，事到如今，听师傅之言，自有办法。"李威光只得听从师傅的吩咐。

第二天，有一个京官差役拿着请帖找到李威光的住地来了，恰逢他的师傅在门口煲药，官差抬头一看，便问："这里是广东举子李威光的住地吗？"师傅说是，官差毕恭毕敬地交上请帖说："我的东家有请举子李威光赴宴。"师傅看了眼请帖，心里早知官差几分来意，便道："哎呀！官人，威光这小子好胜心强，昨天去拉铁弓，用力过猛，将左手拉断了。"

师傅回头指着药煲说："你看，我正为他煲药哩！"官差看见药煲，心中一喜，说："有这等事？"师傅便指着躺在床上的李威光说："你看，他的左手……"这时，只见李威光左手缠着白布，正在床上痛苦呻吟，官差相信了师傅之言，道说一声便高兴地向主子汇报去了。李威光一骨碌滚下床来，感谢师傅解危之恩。

到了会试那天，那个主考官认为李威光已伤左手，女婿的今科状元十拿九稳了。因而当李威光手缠白布突然出现在考场上，准备参加考试时，那个主考官看见他手伤未愈，也不以为意。轮到李威光会试时，他走下考场，解除白布，舞刀、举石、开弓、射箭，诸般皆精，超群的武艺博得众口称赞，李威光会试夺得第一。这时，那个主考官才知上了当，慌了手脚。到了十月初殿试，乾隆皇帝亲临考场，那个主考官为了让李威光名落孙山，便指使亲信官差将武石及关刀涂上油，想让李威光当场出丑。

就要轮到李威光殿试时，那个主考官命亲信官差抬出涂了油的武石，放在指定地点，李威光走上前来，神采奕奕，运足力气举起武石，转了一圈，由于巨石上被涂了油，巨石脱手滑落，李威光用尽力气，猛速虎蹲，以膝顶石，重又举起，可是再次石滑脱手，眼看武石就要跌落，李威光随之猛踢一脚，使武石滚了几滚，皇帝看了其技艺，便发问："举子，这是什么武艺？"李威光急中生智，答道："皇上，这是狮子滚球。"①

梅州市泮坑公园文化墙之"狮子滚球"（摄于泮坑公园）

五华长乐学宫内的李威光雕像

① 白眉：《状元李威光生平略及其传说》，载政协广东省五华县委员会文史资料研究委员会编：《五华文史》（第1辑），2002年，第47页。

李威光在家习武以及参加会试时使用的都是最重的关刀，至今仍有保存。在其殿试舞刀时，一百二十斤的关刀也被涂了油，但李威光并不知情，他拿起关刀，绕身舞花，施展武艺，突然左手一滑，右手握住刀柄随大刀舞动之势原地横扫旋转一周，皇帝看罢，又问：“这又是什么武艺?”李威光随即答道：“回皇上，这是‘捺地割葱’。”前一项掇石是“狮子滚球”，这一项舞刀是“捺地割葱”，皇帝龙颜大悦，当即钦点其为状元。十月十三日，于太和殿举行传胪大典，李威光获该科一甲一名进士及第，金榜夺魁。李威光在京城殿试时遭遇的故事被后人称道为“狮子滚球急能生智，状元习武忙亦修文”。

现存的李威光习武使用的关刀（128 斤）和武石

（二）淡泊名利武榜眼——曾琼琲

曾琼琲（1758—1845），字荣锦，号宝园，梅州市五华县棉洋镇洛阳围人。幼读诗文，习弓马，19 岁为武科邑庠生。乾隆五十一年（1786）乡试中武科举人，乾隆五十五年（1790）考取武科进士，殿试钦点榜眼，是梅州客家人中第二位获“进士及第”的武术文化名人。殿试后，被钦授蓝翎侍卫，三年后出任江西下历都司，后擢任九江游击、河南卫辉营参将、河南省中军府中军大将，诰封四世“武义都尉”（正三品）。他的一生，尽管南北转战，屡立战功，但为官一世，秉承清正廉明的作风，至七十一岁告老返乡之时依然两袖清风，行李萧条。

曾琼琲像和榜眼及第牌匾

曾琼琲及曾氏族人习武的地方——长兴楼

曾琼琲习武使用的武石

秉公看考拔萃才

曾琼琲在河南军府任职期间，适逢省武科举乡试之年。京城发下令来，委派他为乡试看考官（乡试考场设于开封城内东北角“河南贡院”，现河南大学所在地）。他接到任命，深知武科举考官的公正与否，决定着参试考生的前途命运，也决定着朝廷能否真正遴选出武事良才。科举制度虽然历经千年，各项规章和制度也成熟严格，但仍有徇私舞弊现象发生。一些公子王孙、富家子弟，通过各种渠道，找到考官门上，或以权势压人，或以金钱利诱，千方百计地钻营功名。曾琼琲心里如吞下铅块，便决定依照考试各项规定，软硬不吃，公正执法，公平选才。

不出预料，很快就有人找上门来，来访的是开封府巨贾马百万的老管家。只见老管家献媚地作揖道：“恭贺大将军！主家闻大将军派了肥差，着我贺喜来了！”曾琼琲一听，已猜到来人企图，冷冷地看了他一眼，从鼻子里“哼”了一声。老管家又说：“马公子机灵勇敢，武艺不凡，今年应试看来必出第一。马大人望大将军高抬贵手，助一臂之力。”他边说边取出银子递了过来：“这是一点小意思，事成之后，马大人还有重礼呢！”

曾琼琲爽朗地笑道：“哈哈！考还未开，卷尚未看，银子就送到手上了，要是都像你家主人那样，待乡试结束后，我乃百万也！”老管家不解其意，仍连声说道：“不错，不错！”

曾琼琲停住了笑，一脸严肃地说道：“其实错了！看考之责，应是量才拔萃，让有真才实学、技高艺精者，为国效劳。万不可昧心做事，卖官鬻爵，中饱私囊，被不学无术者钻了空子！”

一席话说得老管家脸上烧一阵，辣一阵，急得坐立不安，不知如何应对。曾琼琲把银子交还给他，叫他转告马大人：“公子能不能中，就看他的本领了！”这一科乡试，曾琼琲等人秉公看考，发现马公子武艺的确不凡，最终，还是把他的名字题上了金榜。

曾琼琲支系祠堂

曾氏家族庞大，洛阳围村皆为曾氏族人，此处祠堂为曾琼琲支系子孙所立，门前两根石旗杆为曾琼琲金榜题名后所立，左侧石旗杆顶端为狮子，杆上刻字：乾隆五十五年庚戌恩科武进士榜眼及第原任河南卫辉营参将曾琼琲立。右侧石旗杆顶端为猴子，杆上刻字：钦赐一甲第二名二等侍卫曾琼琲立。

捐银置地办学堂

曾榜眼为官四十年，做事磊落，待人实诚，生活俭朴。阿谀奉承他不学，贪污贿赂他不干。所以，至七十一岁告老返乡之时，仍然是两袖清风，除了随身应用之物，仅带回平日省吃俭用节省下来的一千多块银圆。

曾榜眼回到家乡时，乡亲父老们见他衣着粗旧，行李萧条，都认为他在路上遭了劫难，一个个上前劝慰他说：“人平安回来就好了，东西被抢了可以再置嘛！”他作了几次解释，乡邻仍不大相信。

返乡没过多久，他来到本村私塾找先生了解社学情况，之后又找到管理公尝的理事，交给理事一千块银圆，说要买十亩肥地，叫他帮忙打听，并代为购买。这事一传出去，村里人就议论开了：“榜眼爷发了财，要买田做屋了。”

几天后，理事上门告诉他：“地买好了，都是乌油油的上等田哦！”曾榜眼说：“你办得又快又好。这些田，就交由你管理吧！”理事不懂他的意思，傻着眼问：“这……这怎么行？”

曾榜眼道：“村里办学缺经费，这些田就作为学田公尝。常年收入，全用在办学上，让学龄子弟多读点书，多求点知识。”村里的人又议论开了：“榜眼爷为子孙万代着想，心性真好！”

就这样，曾榜眼带回的银子，不是为自己买田，也不是为自己建新屋，而是为村里办了一件大好事。此后，洛阳围求学子弟猛增，学风大振，有成就者甚众。至清末，该村出了4名举人，18名秀才。

不为生意只为情

曾琼琲有个嗜好——抽黄烟，即使在军中值勤，也烟不离嘴。有一次，正值他司值，刚点着火抽了两口烟，没料到上司驾到。他急切中将未熄灭的烟卷装进了裤袋。结果，裤子被烧破，连大腿也被烫起了大水泡。

还乡后，他在洛阳围村人多往来的大路旁开了间小店，经营本地土烟。开张之日，挂出自己亲书的招牌字号“老伯”。村人见了“老伯”二字，都觉太俗，对他说：“榜眼爷，此号不甚雅。”他解释说：“人常道：‘出门猎新样，入乡随众俗。’我已退职还乡，成了乡野大

伯，别再叫我榜眼爷了。”因此，“老伯”字号没有改动。此后族中父老与他相见，都按辈分称呼，而过路乡亲进店都称他为“老伯”了。

他做黄烟买卖，非常讲究信誉，三个铜板一包烟，质高价廉。洛阳围村就近乡邻、过往路客，都愿光顾。进店来，除了买点黄烟外，更重要的是还可与他谈论世情，请教武艺。

尽管烟店从早到晚顾客盈门，人流不断，但因为利润极微，收入薄寡，人称他的生意旺丁不旺财。“不近山林不近市；半为生意半为情。”这副曾琼琲亲书的对联贴于烟店门口，道出了他开店的宗旨。可见，其初衷即是以做生意为窗口和媒介，与乡邻沟通相交，收获其离家多年后弥足珍贵的乡情。

耕读传家菜配粥

曾琼琲家中后辈，人丁兴旺，五代同堂，一家老小近八十人，然而因其为官几十载公正清廉，所以家中田产并不多，有时家中还得靠佃耕维持日常用度。他平日勤俭节约，布衣蔬食，遇上灾年荒月，也只能靠粥汤度日。

有一年春夏之交的四月，青黄不接，因上年收成不太好，家中存粮无多，只得精打细算过日子。一天中午，一家老少围着几张桌子吃饭，锅里是稀粥，桌上是酸咸菜。有一个曾孙闹着要吃稠粥，其母忙接了碗，谁知勺子在锅里捞来捞去也没捞到多少米粒，她只得安慰孩子：“今餐粥太稀了，下餐给你做硬饭吧。”孩子不听，哭闹起来。其母叹道：“唉！别哭了，常言道：贪官鱼酒肉，清官盐捞粥。你太公当年做的是清官。咱家当然喝的是稀粥了。”

老太爷曾琼琲听了，严肃地接过话头说：“人应耕为本，读为先，敦孝行，乐性天。万不能为图横财而不义也！”几句话虽然平和，但字字如重锤，孙媳妇听后也没有话说了。

曾琼琲抚慰曾孙说：“吃多了鱼酒肉，是要拉肚子的。到那时弄脏了裤子，那臭气可难闻呢！”说着顺手夹过一块咸菜心递了过去，“这菜心又嫩又脆，咸淡适宜，送粥正合适，你尝尝”。小曾孙见到大人们都吃粥，也就不再闹了。

酿豆腐辞礼避寿

转眼间，曾琼琲还乡已整整十个春秋。在八十一岁寿辰到来之际，

他叮嘱儿孙们不要摆酒设宴，劳累乡邻。一家老小，做一餐酿豆腐以作纪念就可以了。那时长乐乡村，流行做寿习俗。嘉应州罕见的武科举榜眼爷，加上是八十一岁高寿，虽主家未发请帖，四乡八邻，亲朋好友，以至于衙门官吏都备下了寿礼准备庆贺。

彼日上午，洛阳围乡邻热闹起来。人们备下猪、羊、鸡、鸭、绫罗绸缎等礼物，扛的扛，挑的挑，往曾家而去。不曾想走到曾家门口却发现冷冷清清，喜庆的灯笼没有挂，对联也没贴，不闻爆竹炸响，也无锣鼓齐鸣。亲朋乡里顿觉奇怪，以为曾榜眼身体抱恙。正纳闷间，曾琼琲的儿子们笑着迎出门来，向大伙解释道："家父有嘱，惨淡之年，理应俭朴。虽八十一岁，但诞辰从简，寿礼皆辞谢了，我谨代表家父万分感谢亲邻朋友们的深情厚谊!"

送礼的人们哄闹起来，要找曾榜眼说情讲理。可是从正屋找到横屋，从上家找到下家，一连找了好几遍，连个踪影也没有发现。原来，曾榜眼一清早就上山去了，来到他当年习练武艺的跑马坪附近，跟打柴的老相识谈天说地，并在山上野炊，烧烤番薯以充午餐。人们在曾家喝了淡茶，吃了酿豆腐和农家便饭，觉得曾榜眼既然下了决心破例，也不好勉强，只得按嘱把礼物带了回去。

曾琼琲以耕读和习练弓马出仕为官，但依然保持勤俭、清廉的美德，退休还乡后以"耕读传家"为处事之本，以身垂范，教育子孙。去世后更立"耕为本，读为先；敦孝行，乐性天；和族党，敬师贤"为遗嘱和家训，足见高居武科举榜眼和三品武官的曾琼琲不仅在习武军事上颇有造诣，其言行举止也受到客家"崇文重教"思想的深刻影响。

（三）春波洗砚留美名——徐庆超

徐庆超（1776—1834），家名敏荣，号星溪，小名徐狗四，蕉岭县兴福乡叟乐村人。他从小喜爱武术，成年后身材魁梧，高及八尺，力气超群，武艺精湛。乾隆六十年（1795）乙卯恩科武进士，授蓝翎侍卫（侍卫中的第四等），充营守备。该科武考共录取 32 名，徐庆超为三甲同武进士出身。嘉庆五年（1800），选授闽浙督标右营守备。嘉庆十一年（1806），擢升福建建宁镇总兵，嘉庆十七年（1812）调台湾北路左营都司。道光九年（1829），升为闽浙陆路总兵。

徐庆超塑像

乾隆六十年（1795），徐庆超中武举后，旋即赴京参加秋闱会试。考试科目与乡试相同，包括马箭、步箭、开弓、舞刀、掇石等技勇和策论。有些武林中人居心不良，预先把石狮涂上油蜡，企图令他当场出丑。徐庆超事前不晓，一抬手把石狮举到头顶，但有油蜡的石狮使他难以稳住，旁观者狂喝倒彩。石狮往下滑，刚到脚边，徐庆超突然起脚狠狠踢去，石狮骨碌碌滚出几尺远。这一举动，顿时令围观者面面相觑。监试官问是何武术名目，徐庆超答曰："狮子滚球。"在场观试的乾隆皇帝亦被这一绝技所震动，频频点头赞许，当即选徐庆超为武进士，并钦定他为蓝翎侍卫。[①]

"剜股疗亲"救祖母[②]

徐庆超为人忠厚，品德善良，孝敬老人，传颂乡里。他 16 岁那年，老祖母染上一场恶疾，身长恶疮，痛彻肌肤，日夜呻吟。徐庆超守护在床前，坐卧不安，日思夜想怎样才能为祖母减轻痛苦。眼看老人奄奄一息，他忧心如焚。为救祖母命，他背起老人走村串户，到处

① 梅州市地方志编纂委员会编：《梅州市志》，广州：广东人民出版社 1999 年版，第 1865 页。

② 中国人民政治协商会议广东省蕉岭县委员会文史资料研究室编：《蕉岭文史》（第 5 辑），1988 年，第28～29 页。

求医问药。一天，经人引荐，他背着老祖母来到长潭深山一位专医奇难杂症的名医家中。一见面，徐庆超当即跪地求道：“我祖母病危，特来求老先生诊治。”老医生扶起他，立即进行诊断。老医生说：“小兄弟，你祖母病情严重，应立即用药，不能再拖。我有一草药偏方，但要有一小块肉配之，制成药丸敷于患处，瘀肿自消。但是，在这深山野岭，一时哪能买到肉呢？若拖到明天，那就难保你祖母之命了！”老先生面露难色。徐庆超一听，坚定地说：“这有何难？我身上到处是肉。”老先生摇头叹息道：“小兄弟，你身上有再多肉又怎能取下来啊！?”徐庆超救祖母心切，随即跑进厨房，操起菜刀，毫不犹豫地往大腿上一剜，割下一块肉来，顿时血流如注。老医生跟进来后，阻挡不及，连忙找来一块布为他的伤口包扎止血，并立即将这块肉和上草药，剁制成丸，敷在老人患处。两天后，果见拔毒生肌，瘀肿全消，老人病愈。

徐庆超“剜股疗亲”孝敬老人的消息不胫而走，成为万口传颂之美德。事后，不少名流学者将其作为孝亲敬老的经典题诗盛赞。清代诗人黄香铁在《石窟一征》中记录此事后赞道：“剜股当年事，斑痕洗得无。春波融一片，尚恐墨成珠。”清代诗人张维屏以“孝义精神铁石姿”之句来称道此举。

善武能文书作兵

徐庆超好义慷慨，并曾在广州乡试时将同乡 4 人的遗骨携归故里，送回各家。嘉庆四年（1799），梅县白渡人宋湘在京城参加会试，高中进士，接着参加殿试。殿试由皇帝命题并监考，时间限定为一整天。考试时，傍晚风雨交加，宋湘座位临窗，蜡烛频频被吹灭。这时，殿前侍卫徐庆超急忙趋近宋湘座位旁站立，用他的长袍为宋湘挡风。接着他见宋湘的笔因灰尘胶滞而书写益趋吃力，便从靴中取出一支上等毛笔递上，使宋湘得以一气呵成写完殿试考卷。殿试后，宋湘中进士，被授为翰林院编修。宋湘对徐庆超的考场之助极为感激，特往拜谢，见面交谈始知彼此均属嘉应州人，虽不比“他乡遇故知”，但也倍觉亲热。从此，嘉应文武两进士交往频繁，感情甚笃。其时习俗重文轻武，徐庆超去翰林院找宋湘时，常遭人冷遇和嘲讽。宋湘书法炉火纯青，便鼓励徐庆超练习书法，在宋湘的精心辅导下，徐庆超天天勤学苦练，终于练就书写大字的功力，尤擅书别具一格的“寿”字。不久，嘉庆皇帝的母亲做寿，征集“寿”字。当时许多翰林所书，皇上均不合意。当徐庆超所写巨大的“寿”字一挂出，顿时满堂惊叹，宋湘即兴作对并书写以配。宋湘之书潇洒传神，徐庆超之字刚劲有力，二者相得益彰，此幅功力超群、出类拔萃的佳作，使嘉庆皇帝喜得频频点头赞许，在座的翰林们也同声称赞。从此，徐庆超到翰林院，人们再也不敢冷眼相看，而是以礼相待了。后来，徐庆超益发喜爱书法，人称他“善武又能文，作书如用兵”。即便在行军时，他也随身携带笔砚，精心研究、揣摩书法之技巧，并著有《字林便览》一书留世。他的书法独具一格，有人作诗赞颂：“得之兴愈酣，下笔龙蛇走。刚柔异欧虞，筋骨判颜柳。”

道光十二年（1832）武显将军徐庆超在武夷山所题的“第一山”

徐庆超的部下汤雨生善画，在他晚年时为他画了一幅肖像，题为“春波洗砚图”。一时，众名流题诗赞颂，后人为此编写了《春波洗砚图诗集》。原集作者有500余家，可惜成书未久，即遭兵燹，仅存60家，其中品题者有林则徐、李宗翰、张维屏、叶名琛、陈继昌、何子贞、宋湘等名公巨卿。宋湘把对徐庆超的深情厚谊凝注于笔端，其诗作有记：

一别骎骎三十年，侧闻入海靖烽烟。
忠臣孝子平生语，可记长安四月天。

更说当年大作书，摩崖惊座近今无。
欲知勒石燕然意，尽在《春波洗砚图》。

徐庆超于1834年病逝，终年58岁，诰授武显将军，谥忠孝端介。他生前虽服官四十年，但清白廉洁，身后仅存书数箧而已，其高风亮节可见一斑。

（四）箭无虚发振威将军——魏大斌

魏大斌①（1741—1822），字本义，号渭扬，是五华县横陂镇夏阜人。五华旧称长乐，居民以客家人为多数，民风彪悍，崇尚习武之风，坊间遍设武馆，名师高手众多。魏大斌身居其间，从小受到当地尚武民风的熏染，自幼刻苦习武，兼修文化，精通弓、刀、石、骑马、射箭以及拳棒武艺，尤擅弓箭一门，并练就百步穿杨之技。在出任海防战事中，常用强弓利箭制服敌人，获“神箭手”称号。

乾隆二十五年（1760），魏大斌参加武科举乡试考中武举人，翌年赴京会试并登辛巳恩科武进士。乾隆二十八年（1763）开始服役水师，任金门镇左营中军（总督、巡抚的卫队长），金门镇总兵龚公（龚宣）十分器重之，赞誉其“良将之才，可以倚重”。后任左营游击、澎湖协右营游击、烽火营参将等职务。乾隆四十五年（1780），乾隆帝南巡，魏大斌以“才品弓马俱长”之资被选往浙江迎候圣驾，并随龙舟押纤，其间随班校射，“四发皆中的”，御赐大缎貂皮荷包，升金门镇总兵、闽安协副将。乾隆四十九年（1784），乾隆皇帝在西湖召见魏大斌，调其任澎湖协副将。两年后，任温州镇总兵，并获赏双眼花翎。

乾隆五十二年（1787），台湾林爽文因当地政府取缔天地会而聚集会众起义，相继攻克诸罗、凤山等地，并乘机攻打台南。柴大纪与魏大斌奉命进剿平定台湾动乱，当年五月抵关帝厅、盐水港、竹林庄等地，身先士卒，转战四十余次皆捷。后来因参赞提督柴大纪拥粮不发，动摇军心，贻误战机，被林爽文组织起义民众大举反攻，政府军陷于被动。魏大斌被诬“征剿不力”，革职留用。至十月，军机大臣、将军福康安率副将海兰察以及李威光等众将士至台湾，悉知实情，福

① 依据广东人民出版社1991年版《五华县志》及黄伟经主编1992年版《客家名人录》等文史资料整理。

康安勉慰魏大斌“公受屈矣，勉力剿贼，当为公雪之”，大斌之冤方才获公正平反。起义平定后，福康安呈奏朝廷“魏大斌守城杀贼有功”，魏大斌随即恢复军职，于1788年4月调任安平协左营游击，继续领军参加水师战事。

乾隆五十四年（1789）冬，魏大斌升任广东（顺德[①]）左翼镇总兵。十一月巡逻至大澳洋，偶遇著名海盗“海上三爷”的战船数十艘，官匪激战。魏大斌镇定自若，引弓发箭断其篷绳，乘盗舟簸荡之机围而击杀，将数艘海盗船击沉，俘虏百余人，贼首率领其余盗船仓皇逃遁。魏大斌率部众连续三昼夜追剿，至今茂名电白一带外洋，全歼群盗。乾隆五十九年（1794）冬，东南海疆，盗匪再兴，因台湾水师任内“失察”而被革职赋闲在五华故居的魏大斌应两广总督觉罗长敦请，出任广东湛江硇洲岛都司。到任之后，他优选精壮之士，淘汰老弱之卒，充实军队，修缮战具，对属下军士勤训练、信赏罚，使军队战斗力大幅度提高。数月之后，亲历岛屿侦察海盗频繁出入之地，掌握防务之情。乾隆六十年（1795）闰二月，率硇洲水师出海连续搜捕征剿海盗。以“先捣其巢穴，余飞不足意”之釜底抽薪之策，出师奏捷，击溃陈亚二、何泥土、陈头棚、黄憩虔等数股海盗，安靖了东南海疆。

嘉庆七年（1802）冬，时任广东省左翼镇总兵的魏大斌，率领水师巡哨，至珠江口外矾石海域一带时，巧逢海盗乌石二、谭仁先所率二十多艘船只。双方展开昼夜激战，毙敌众多。第二天上午，众贼蜂拥而来，其中有海盗头领五人，头上包裹红巾，匪号“惊天雷”。魏大斌连发三箭，射杀其中三人，众海盗见此高超射术，纷纷逃离。魏大斌率领水师，穷追不舍，至汕尾海域，捕获谭仁先等四十余人。至此，东南海防贼盗皆潜踪匿迹并相互告诫：“不怕波翻与海倾，莫逢神箭魏大斌。”

嘉庆九年（1804），擢升广东提督，辖水陆两军，诰赠四世“振威将军”（从一品）。嘉庆十二年（1807），以足疾辞归，回到五华故居，安享晚年。魏大斌性情谦和，教育后世子孙秉承“耕读”理念为立世之本。1822年，魏大斌卒于家中，享年82岁。

---

① 王宏斌：《清代前期海防：思想与制度》，北京：社会科学文献出版社2002年版，第76页。

魏大斌武科举出身，掌管水师，多次辗转作战于海防，令众海盗闻风丧胆，战功显赫，乾隆帝曾下诏赐封其曾祖父魏基熏为武翼大夫（三品），封其曾祖母胡氏为淑人，清代圣旨今仍为其后裔所存。这帧圣旨长2.58米、宽3.1米，相间有赭、蛋黄、金黄、黄白、棕等为底色。圣旨以挑绣双龙钳着篆书“奉天诰命”四个字为开头，内文有汉、满两种文字，汉字以黑、蓝、棕、绿等色正楷书写，落款为乾隆四十二年五月初二日，并盖有玉玺。圣旨全文辑录如下：①

奉天诰命

天承运

皇帝制曰宣扬国威统三军而奏绩采甄世德溯四世以推恩积庆有源流芳自远尔魏基熏乃福建澎湖水师协标右营游击今升烽火门参将魏大斌之曾祖父纯心抱质丕建乃家允肇弓裘于叶克昌厥后诞膺节越于高门爰贲徵章俾扬令问兹以覃恩貤赠尔为武翼大夫锡之诰命于戏簪缨赫濯式隆三品之殊荣纶诰辉煌用慰九泉之夙志祇承宠命长播庥。

制曰德门积善衍余庆于后人幕府策勋锡殊恩于先世家声克大阃范攸彰尔胡氏乃福建澎湖师协标右营游击今升烽火门参将魏大斌之曾祖母佩服女箴娴明母道惠风肆好留懿训于闺中令绪三传毓奇才于阃外爰颁茂典俾闻徵音兹以覃恩貤赠尔为淑人于戏溟汗诞敷用播深退之泽湛恩编洒益扬贤淑之名显命丕承幽光远贲

乾隆四十二年五月初二日

（五）岳家教宗师——黄春楼②

黄春楼（1877—1943），原名雨霖，梅县程江槐岗人。生于光绪三年（1877），幼年在家乡读书时，就从叔父黄玉麟学习傅家棍。据《梅县体育志》记载，黄春楼成年后随父外出经商，“20岁在湖南茶陵拜肖世泰为师，学岳家拳术”。拜师后勤奋刻苦练习，牢记长辈“人从三师技艺高”的教导，做到“不耻下问，虚心求教，刻苦练习”。从师十多年，除“冬练三九，夏练三伏”外，他还研究儒家拳，以丰

① 李木搜集：《乾隆皇帝的圣旨》，载政协广东省五华县委员会文史资料研究委员会编：《五华文史》（第4辑），1986年，第126～127页。

② 邓佰真：《黄春楼与岳家教》，《梅州日报》，2010年1月1日。

富自己的技艺。26 岁时，就受聘当保镖，在江湖上有些名气，有个绰号叫“小豹虎”。

光绪三十年（1904）他 28 岁时回到家乡。虽身怀超群武艺，但谨慎谦逊，宽厚待人。初在家设馆授徒，对弟子严明教义：一是习武以德为先；二是习武以健身自卫为旨，切不可恃武逞强凌弱，滋生是非，扰乱社会。不久蜚声远近，前来登门求教者或重金聘请外出教授者甚众。他的门徒不少，出类拔萃的有黄玉汀、黄江、黄夺元、黄颖奎等。

民国三年（1914），他到香港居住，除设馆传授门徒外，又向四川商客肖庆师学习和研究儒家拳术，取长补短，吸其精华并融会贯通，使岳家拳得到丰富和提高。19 世纪 30 年代初，他转赴印尼勿里洞、雅加达等埠。在异国他乡，每当听到刺耳的“东亚病夫”的讥笑声时，黄春楼深感体育特别是国术的价值。他握紧拳头说道：“人们果欲有为于世必须有健全的身躯，方能建功立业。”他立即在雅加达组织当地民众和华人习武，得其门徒黄夺元、黄颖奎等协助，在雅加达设立威震印尼甚至东南亚一带的“天然国术馆”，为附近各埠侨胞传授岳家教拳械及自强不息的民族精神。不数年，成绩显著，威名远播，深得广大华侨的好评。他一生除诲人不倦外，还将自己毕生习武的经验和心得，写成一部《岳家拳术》，约十万字，分为十章，内容主要有岳家拳的由来、拳式、套路、总理法（五合三催）、双推手、岳拳特点、解拆手法、攻防击技等。

1943 年 10 月，黄春楼病逝于印尼雅加达，终年 67 岁。南洋各埠武林同道、各侨团会馆，均派代表前往吊唁，经众议谥其为“武宗”。出殡时，仅他的门徒执绋者就不下千人，生前亲朋好友 2000 多人参加丧礼。各侨团负责人认为，黄春楼的一生为发扬祖国武术作出了卓越的贡献。

（六）嘉应各属明清两代武举人及武进士名录

1. 梅县武进士和武举人

据 1994 年版《梅县志》记载，梅县共有温安海、熊卓中（梅县清代最早的武进士，于康熙三十九年，即公元 1700 年中试）等武进士

22 名，以及李色昌、李联第（梅县清代最早的武举人，于康熙二年，即公元 1663 年考中）等武举人 193 名。

梅县体育局编写的《梅县体育志》中记载的武进士仅有两名：

颜鸣桌，字丹崖，梅城西区人，乾隆十三年（1748）中进士，曾任福建金门、台、彭、漳、汀总兵。

颜鸣汉，字济川，梅城西区人，乾隆二十八年（1763）中进士，曾任福建水师提督。

2. **蕉岭县武科人才**

蕉岭县武进士 9 人，皆为清代中第。

徐家祺，兴福乡叟乐村人，清康熙五十一年（1712）壬辰科武进士，铨选守备。

徐家骏，兴福乡叟乐村人，清康熙五十七年（1718）戊戌科武进士，铨选守备。

利振纲，兴福乡叟乐村人，清乾隆三十七年（1772）壬辰科武进士，殿前侍卫。

徐光龙，蕉城镇城西村人，清乾隆四十九年（1784）甲辰科武进士。

徐庆超，兴福乡叟乐村人，清乾隆六十年（1795）乙卯恩科武进士，蓝翎侍卫，闽浙陆路总兵。

徐炜光，蕉城镇城南村人，清嘉庆十年（1805）乙丑科武进士。

徐振江，蕉城镇城西村人，清嘉庆十年（1805）乙丑科武进士。

林魁芳，白马乡上合村人，清嘉庆十四年（1809）己巳科武进士，邵武泉州参府。

钟殿臣，新铺镇蔼岭村人，清光绪十五年（1889）己丑科武进士。

蕉岭县武举人 21 名，姓名俱备者 12 名。

徐荣，康熙乙卯科。

李铎，康熙戊午科。
李时泰，康熙戊子科。
涂蜚英，雍正癸卯科。
汤伯猷，高思乡人，清康熙武举，琐阳参将、凉州都司。
何清凤，徐溪乡人，清乾隆武举，江淮运粮千总。
丘赓扬，镇平人，清乾隆武举，徽州运粮千总。
丘超群，镇平人，清乾隆武举，太仓运粮千总。
古乘超，镇平人，清乾隆武举，台澎镇左营千总。
丘长春，镇平人，清乾隆武举，湖州运粮千总。
徐景超，镇平人，清乾隆武举，福建烽火营守备。
陈展荣，福岭村人，清光绪武举。

3. 丰顺县武科人才

据方志记载，清康熙五年至清同治十二年（1666—1873）间，丰顺县共有33人考中武举，多人考中武进士。

罗佳雄，丰顺上阳人，清雍正丁未科（1727）武进士。先任温州卫守备、天津都司，后调任长城边的白石口都司、西安参将。［据《梅州市志》第2048页记载，罗为丰顺汤南人。康熙六年（1667）武进士。从下文考中武举时间印证，显然罗佳雄为雍正年间人］
吴庆平，丰顺田背人，清嘉庆辛酉恩科武科进士。
罗尚德，丰顺上阳人，清光绪武科进士。

丰顺县武举人30人，其中包括后来考中武进士的3人。

吴启虬，汤田，清康熙丙午科。
吴振宗，城厢，清康熙丙午科。
吴玉鹏，清康熙乙酉科。
张豹变，蓝田冈背，清康熙乙酉科。
罗镇瑞，上阳，清康熙癸巳科。
罗有年，潦下，清康熙癸巳科。

罗甸，上阳，清雍正癸卯科。
罗佳雄，上阳，清雍正癸卯科。
罗起滨，上阳，清雍正甲辰科。
罗智勇，上阳，清乾隆癸酉科。
吴元发，横坑田背，清乾隆辛卯科。
张云龙，双溪，清乾隆甲午科。
张全斌，双溪李寨，清乾隆丁酉科解元。
朱应魁，上林坑，清乾隆丁酉科。
张凌云，双溪，清乾隆癸卯科。
罗应玉，上阳，清乾隆己酉科。
吴重庆，莘陂，清乾隆壬子科。
罗元榜，罗家约，清乾隆壬子科。
吴庆平，横坑田背，清嘉庆辛酉科。
邹庆昌，横坑，清嘉庆甲子科。
邹鹏飞，横坑，清嘉庆丁卯科。
张登魁，双溪，清嘉庆戊寅科。
邹文贞，横坑，清道光乙未科。
蔡烘，蓝田陂尾楼，清道光癸酉科。
吴兰馨，莘陂，清咸丰辛酉科。
罗国材，蓝田高尾，清咸丰辛酉科。
张定山，建桥围，清同治壬戌科（1862 年并补己未恩科）。
邹名标，横坑，清同治庚午科。
罗定江，蓝田福宁围，清同治癸酉科。
罗尚德，上阳，清光绪年间。

4. 兴宁县武科人才

明朝武举人 5 名：

方登元，万历乙卯科，官至广东里海副总兵。
方登谏，天启甲子、丁卯二科，官至都司佥书。
何麟图，崇正庚午科，官至山海关游击。

何麟壮，崇正丙子科，丁丑会试副榜，曾任南头营游击。
何麟毓，崇正己卯科，任长乐守备。

清代武进士10名[①]：

彭益友，康熙丁丑，登缴煜章榜，授独石镇守备。
陈占元，乾隆丙辰，登马负书榜。
刘大展，乾隆丙辰，登马负书榜。

清代武举人76名，包括后来考中武进士的3名：

陈洪畴，康熙癸卯科。
陈淑先，康熙癸卯科。
余元英，康熙丙午科解元。
刘文蔚，康熙丙午科。
陈飞腾，康熙己酉科。
叶斌，康熙己酉科。
何大捷，康熙己酉科。
钟动召，康熙壬子科。
陈纩中，康熙壬子科。
张所蕴，康熙癸卯科。
钟应召，康熙癸卯科。
王斌，康熙丙午科。
张奇猷，康熙己酉科。
刘宗儒，康熙己酉科。
钟廷召，康熙己酉科。
王览，康熙壬子科。
黄捷登，康熙壬子科。
陈斌全，康熙壬子科。

① 据《兴宁文史·第9辑·科举制及晚清兴宁选举记略》所载，清代兴宁武进士共计10人，但名单不详。此处进士及举人名单来自程志远、王洁玉、林子雄、谢维怀整理：《乾隆嘉应州志》，广州：广东省中山图书馆古籍部1991年版，第486页。

钟国祐，康熙壬子科，化州把总。

陈洪廷，康熙乙卯科。

熊优，康熙乙卯科。

刘泰，康熙戊午科。

罗璜，康熙戊午科。

罗擅先，康熙辛酉科。

何煜，康熙甲子科。

罗文炜，康熙甲子科。

曾英，康熙甲子科。

陈金光，康熙丁卯科。

陈英拔，康熙丁卯科。

温应麟，康熙乙卯科解元。

罗英贤，康熙乙卯科。

陈洪宽，康熙戊午科。

张欲赞，康熙戊午科。

叶俊，康熙辛酉科。

陈绍仁，康熙甲子科，文昌千总。

何树楷，康熙甲子科。

彭益友，康熙甲子科。

罗国喜，康熙甲子科。

王铭璋，康熙丁卯科，虎门千总，升南澳守备。

邓席重，康熙庚午科。

张我略，康熙庚午科。

曾运会，康熙庚午科。

黄连士，康熙庚午科。

黄楹，康熙癸酉科。

袁为龙，康熙丙子科，授玄武门守御所千总。

石文韬，康熙壬午科。

林甲凤，康熙壬午科，授崇文门千总，升守备。

彭汝骥，康熙癸巳特科。

林元藩，康熙乙酉科解元，守备升杀虎口都司。

钟士超，康熙乙酉科。

卢徐仁，康熙乙酉科。
何玟，康熙庚午科。
张云祥，康熙庚午科。
陈良淳，康熙庚午科。
刘赞扬，康熙癸酉科。
揭瑶，康熙癸酉科，授虎门协千总，补守备。
陈倬云，康熙壬午科，授南漕千总。
蓝黄振，康熙壬午科。
罗全，康熙癸巳特科，署大河卫运粮千总。
邬虬龙，康熙乙酉科。
锁廷桂，康熙乙酉科。
林甲俊，康熙乙酉科，花县（今花都）千总，升南澳守备。
石奇韬，康熙乙酉科。
林元略，康熙戊子科，授九江漕运千总。
许绵锁，康熙辛卯科，授山西都司，改建武游击。
王千城，雍正甲辰补癸卯正科。
刘大展，雍正乙卯科。
刘元略，乾隆戊午科。
廖仪廷，乾隆丁卯科。
何日昌，康熙戊子科。
陈雯，康熙辛卯科。
罗宗乾，康熙丁酉科。
陈占元，雍正壬子科。
罗清材，雍正乙卯科。
王廷凤，乾隆戊午科。
陈腾芳，清代武举（年科不详），石马上庄人，钦赐“其勤王家”匾一块。

5. 五华县武科人才

《五华县志》记载五华县先后出现武进士 14 人，武举人 101 人。
明朝武举人 4 名：

颜通、李锶均为明嘉靖年间。

颜迪、李尚荣（守备）均为明万历年间。

清朝武举人36名：

胡虎炳，康熙丙午科。

张毅，康熙己酉科。

卓麟臣，康熙己酉科，大城所都司。

余士钦，康熙己酉科。

张潜修，康熙壬子科。

胡天定，康熙壬子科。

江绍淹，康熙壬子科。

胡胄，康熙乙卯科。

高举，康熙戊午科。

黄廷宪，康熙戊午科。

刘澐，康熙戊午科。

陈国翰，康熙辛酉科，南海千总。

张缵龄，康熙辛酉科。

张国俊，康熙甲子科。

陈敷元，康熙丁卯科。

钟铭纪，康熙丁卯科。

张国傧，康熙丁卯科。

钟维忠，康熙丁卯科。

刘廷槐，康熙壬午科，龙门千总。

温淑梅，康熙壬午科，始兴千总。

罗应伦，康熙壬午科。

杨凤才，雍正癸卯科。

颜振武，雍正癸卯科。

李勇烈，雍正癸卯科。

李绛烈，雍正丙午科。

高宗蔚，雍正丙午科。

魏越煓，雍正壬子科。

魏英豪，乾隆戊午科。

张泗，乾隆丁卯科，徐州卫千总。

李宁坦，乾隆丁卯科。

罗声烈，乾隆庚午科。

李威光，乾隆二十五年（1760）恩科武举。

李南馨（1735—1802），锡坑区老楼乡人，乾隆二十四年（1759）中武科举人。

魏大斌（1741—1822），横陂区夏阜乡西门人，乾隆二十五年（1760）中武科举人。

曾琼琲（1758—1845），棉洋区洛阳乡人，乾隆五十一年（1786）中武科举人。

魏华成，横隍区夏阜人，咸丰十一年（1861）武举，任惠州中营千总。

清朝武进士：

李威光（1735—1793），华城镇黄埔村人，清乾隆三十七年（1772）中进士，钦点武科状元，御前侍卫。

李南馨（1735—1802），锡坑区老楼乡人，乾隆三十六年（1771）中武科进士，曾任福建水师提督，诰封四世“振威将军”。

魏大斌（1741—1822），横陂区夏阜乡西门人，乾隆二十六年（1761）恩科武进士，曾任广东提督，辖水陆两军，诰赠四世“振威将军”（从一品）。

曾琼琲（1758—1845），棉洋区洛阳乡人，乾隆五十五年（1790）考取武科进士，榜眼，钦授蓝翎侍卫，后任九江游击、河南卫辉营参将、河南省中军府中军大将，诰封四世“武义都尉”（正三品）。

6. 平远县武科举人才

平远县武举人12名，皆出自清代。

冯家兴，康熙乙卯科。

凌洋，康熙戊午科。

刘泰，康熙戊午科。

萧城，康熙乙酉科，见任崖州。

凌承天，康熙乙酉科。

林孟风，康熙辛卯科。

萧荣光，康熙辛卯科。

李栽培，康熙辛卯科。

张振羽，康熙辛卯科。

林伟和，康熙癸巳特科。

萧衮，康熙甲午科。

林良鈌，雍正甲辰补癸卯正科。

六 客家民俗体育与竞技

客家民俗体育是指在客家地区广泛流传并与客家民俗文化紧密联系在一起的群众性体育活动。客家民俗体育是中华传统体育文化的重要组成部分，充分体现了客家族群在历史发展长河中的生存智慧、审美情趣与价值观念，是客家人在特定的时空环境与社会背景下的社会文化追求与文化生活方式的体现。

在闽粤赣客家人最主要的聚居地，民俗体育活动丰富多彩，形式多样。总体而言客家民俗体育活动与客家人的传统节日有紧密的联系，如春节的灯舞、元宵节的赏灯等。这些民俗体育活动是客家人社会生活的生动写照，体现了客家人的审美情趣、文化追求和价值观念。

（一）舞狮

舞狮可以说是客家地区最为普遍而重要的一种习武形式。舞狮表面上是在乡村举行重大仪式时表演的一种节日民俗艺术，其实质却是武艺表演和杂技表演，一班狮队实际上就是一个武术队。粤东梅州地区五华县湖田镇张姓族群习武的普遍形式就是组织舞狮队伍，因为舞狮与武术密不可分。平时武术多为分散练习，到了农历十月半，即秋收完毕进入冬闲时，便以聚族居民点为单位集中训练，称为冬练。一般白天练舞狮和敲打锣鼓技巧，夜晚练武术，至午夜方休。舞狮技巧除狮头、狮尾的舞动者以外，还要配备四名跳桌人员。跳桌指戴着假面具（两人戴沙僧面壳，两人戴猴面壳）从一张或两张乃至三张八仙桌面上飞跃而过。飞跃时要做一些杂技性的表演动作。而狮头的舞动者也须舞动着狮头从桌面上滚翻而过。这些动作有完整的套数，一招一式皆按照套路程序表演。从这一角度上说，舞狮本身也是一种武术。

夜晚的训练，包括拳术、棍术、刀术、矛术、耙术等。其中又各有细分，诸如朱家教、大码拳等套路；棍有长棍、短棍，刀有关刀、双刀等，总之名目繁多，十八样武艺样样皆练。训练方法有单个教练，也有集体操练。训练到深夜，一般要吃一顿夜宵，即“吃夜粥”。类似的情况在闽西、赣南地区也较为常见，这种习武形式的特点一般是利用闲暇时间，而一般又以春节较为集中。

流传至今，除传统的舞狮外，在梅州地区以席狮舞和五鬼弄金狮最具代表性。

席狮舞是梅州地区极具特色的传统民俗体育活动。席狮舞也称“打席狮”。席狮舞的原生形态是由梅州“香花”佛教僧尼创造的，在汉族民间也由“香花”佛教僧尼表演传播，表演者以一张草席为狮，作为表演的主体，模仿狮的行走跳跃形态，以与“南狮”相似的表演程式来表演，在似狮非狮中求其神似，以诙谐风趣的表演风格和鲜明独特的客家特色，深受梅州城乡民众喜爱。

狮子是汉族的辟邪兽，梅州客家人是中原汉族的后裔，所以客家人喜欢狮子，也特别喜欢舞狮，在梅州客家这个信仰繁杂的民系里，人们深信狮子能驱邪，能给人们带来吉祥安康。据城郊碧峰寺僧人、“席狮”第二代传承代表释彰龙法师回忆，从清末至20世纪“文革”前，席狮舞在梅州城区民众的“香花佛事”中发展兴旺，十分盛行。席狮舞时，由一个和尚就地卷起草席作为“狮子”，另一个和尚拿“青”（多用长命草作“青”）持扇伴舞，表演程式有出狮、引狮、舞狮、种青、偷青、藏青、抢青、逗狮、入狮等数个环节，整个表演约需20分钟，用锣、鼓、钹、客家大锣鼓伴奏。虽然席狮舞的道具和伴奏都很简朴，但显现出一种特有的质朴、亲和美，颇有“鼓盆而歌、长歌当哭”的意境，并有祝愿和保佑在世之人安康祥和之意。

席狮舞的流传与梅州客家人特殊的人文地理环境有关。古梅州人多依山近水而居，房舍矮小，居住极为分散，办丧风俗都是日夜通宵，时间较长，众多宗亲族戚、朋友的住宿成为大问题，缘于此，“香花佛事”中的席狮舞就成了深受人们欢迎的必备项目。

金狮

五鬼弄金狮

五鬼弄金狮是流传于广东省大埔县百侯一带的狮舞，它取材于唐僧取经的一段民间传说。相传唐僧取经途中遭遇毒雾作瘴，访悉独有灵山之仙狮能除此害，特令弟子前往，用请、引、弄等方法，求得仙狮出山驱邪除害。活动以两个孙悟空、一个沙僧、一个猪八戒、一个驼背佛（俗称五鬼）与金狮对舞、互相逗弄为主要情节。表演上糅合武功、杂技表演。如五鬼逐金狮（一般跳越两至三张并连的八仙桌或四方台），孙悟空亦跳桌紧追。此外，还有“猴子骑桌角”、“翻高架”，以及猪八戒、沙僧、驼背佛诙谐有趣的表演，属于别具一格的狮子舞。

（二）舞龙

1. 丰顺埔寨烧火龙

烧火龙是粤东丰顺、兴宁、五华、河源等县市的民间传统体育文化习俗，其中以广东丰顺县埔寨镇最具特色。丰顺埔寨镇每逢元宵或盛大庆典均有烧火龙的民俗活动，以庆丰收、迎新岁，祈盼风调雨顺、百业兴旺、五谷丰登。

烧火龙（雷建文 摄）

埔寨烧火龙这个具有浓郁民间风情的传统艺术，始于乾隆六年(1741)。舞火龙习俗主要来源于两个传说。

传说一：相传在远古的时候，东海龙王的第21个孙子叫浊龙，被父亲派到南粤莲花山脉管辖赤岭（现今埔寨一带）。浊龙上任后，胡作非为、鱼肉百姓，把当地搞得乌烟瘴气。群众忍无可忍，只好向老龙王告状，于是龙王命其小女清凤，佩上龙剑赶往南粤。一日，清凤趁浊龙烂醉如泥时杀死了他，将他斩成龙头、龙颈、龙身、龙尾四段，然后将斩下的龙头带回向父王禀报。留下其余三段，变成现今埔寨的“龙身”、揭阳的“龙尾”、揭西（与埔寨交界处）的“龙颈”。于是埔寨人民的祖先把这古老的民间故事，巧妙地通过“烧火龙”的形式，作为闹元宵的文艺活动，代代相传。

传说二：相传古时客家居民集中居住的南粤莲花山赤岭一带（今丰顺埔寨所在）旱灾连年，人民生活困苦不堪。某年元宵节，东方天空突然流光四溢，半空飞来一条金黄色的火龙，口吐祥云，当瑞云覆盖整个天空的时候，天空渐渐乌黑起来，霎时大雨滂沱。大雨整整维持了数天，久旱的大地渐次复苏，冬种农作物迅速成长，人们喜笑颜开，载歌载舞度过了旱灾后第一个欢乐的元宵节。从此以后，当地风调雨顺、年年丰收。人们笃信这归功于火龙给他们带来的福祉，在这个信念驱使下，曾经为衣食犯难的善良客家民众，每年都在元宵节自发组织模仿火龙下凡巡游村寨的活动，这就是烧火龙民俗的起源。

岭南地区在很长一段时期由于气候、环境的影响一直是瘴疠之区。从唐宋时期开始大量文献对这个地区的瘴疠进行了记载。唐代刘恂《岭表录异》有“瘴母”之说：“岭表或见异物自空而下，始如弹丸，渐如车轮，遂四散，人中之即病，谓之瘴母。”作为岭南地区的边远山区——粤东客家地区，其瘴疠之害更是严重，历代南来岭南地区之士留下了大量有关病瘴的文句。唐宪宗时韩愈被贬为潮州刺史，赴任途中在蓝关遇到前来探问的侄孙韩湘，有感于粤东地区的山岚瘴气，写下了“知汝远来应有意，好收吾骨瘴江边”的凄楚诗句。宋代李纲在其《过黄牛岭》中的诗句“深入循梅瘴疠乡，云烟浮动日苍黄”，就是对当时粤东龙川、梅州一带生态环境的生动写照。宋人范成大谈到岭南地区瘴气的分布范围和形成原因时说：“瘴，二广唯桂林无之，自是而南，皆瘴乡也……瘴者，山岚水毒与草莽疹气郁勃蒸

熏之所为也。”① 从舞火龙的传说中可以发现，其起源都反映了客家人在特定的生存环境与“瘟疫”、“水旱灾害”抗争的过程中，对“瘴疠之乡”自然环境的一种挑战。

“火龙”的制作方法，起初是用竹篾做成龙的躯体，再裱上白纸，涂上颜色，做成一条简单的龙的形象，再用硫黄、白硝、木炭制成火药，做成“土火箭”，加上吐珠、转花、大犁等不同式样的烟花，安装在龙的全身。

“烧火龙”活动过程如下：先是火龙向指定的地点出场，前面是锣鼓队、鳌，后面是火龙，还有在火龙两边的“火缆队”（火缆：火把的一种，用竹篾编成，长长的像缆绳一样，用时剁成一截一截），将“火缆”画半圆状。高大的龙头，两只眼珠光芒四射，气势雄壮，犹如天降神龙。“火龙”在喜炮声中进入广场，一边绕场，一边向观礼台及观众点头参拜，表示致敬。绕场三次后点燃，首先从嘴里吐出火珠，接着全身放出奇丽的光彩，千万道各色各样的火花交织在一起，时而万箭穿云，漫天光彩灿烂，天地间浑然一体，火龙在火海中翻腾，气势壮观、惊险奇特、动人心弦。

客家人作为汉族的重要组成部分，其观念深刻地体现了汉族的各种观念意识。舞火龙习俗正体现着汉文化中的吉祥观念。丰顺埔寨当地人认为看到火龙，可以给人们带来吉祥；认为火花如若在皮肤上烫出了“泡”（当地口音“泡”与“钞票”的“票”同音，就是钱的意思），那么今年就一定会发大财；而认为擎了龙头，在新的一年里一定会行好运，即“大发龙运”（发大财）。

2. 大埔茶阳花环龙

花环龙是大埔茶阳地区流传久远的传统民俗活动。相传200多年前，茶阳下马湖村民在每年的清明和元宵节祭祀祖先时，都要举行舞龙活动。所舞的龙用竹扎纸糊成龙状，龙头内插上蜡烛。花环龙制作方法独特，龙头的装饰甚为讲究，突出龙的眼睛和张开的口舌，使之形态逼真，光彩夺目，显得威武雄健。龙身部分由一节节用竹篾编扎的圆筒和一段段用彩色纤维带编扎的竹圈组成。筒状龙身为固定部

---

① 范成大撰：《桂海虞衡志》，转引自吴传庚：《瘴·蛊·槟榔与两广文化》，《上饶师专学报》1999年第5期。

分，蒙有白布，涂上龙鳞油彩，每节龙身安有手把；竹圈为活动部分，每段有10个竹圈，每个竹圈扎上密密的彩色纤维带，用布带串接。整条龙身可长可短，节数不等，但一般在9～15节之间，颜色有青、红、黄三种，每一节都由一人操纵，动作紧密协调，身随龙头顺转，尾随身摆，以大锣鼓伴奏增添龙威。花环龙舞的艺术风格主要是舞得优美、飘逸、洒脱，长于向纵、空施展，不拘场地大小、地势高低，可在大场地上也可在小台子上舞，还可以骑在高墙或站在虹桥上往下舞耍，具有浓郁的高山舞风格。花环龙的舞法有站、跪、坐、骑，可单独舞，也可双龙或多龙共舞。舞时，另由一人持彩珠戏龙作舞。主要套路有“双龙抢珠”、“双龙戏珠”、“卧龙圆场”、“盘龙”、“穿花”等。舞到高潮时，整条龙抢成一连串的圆圈，宛如几个美丽的大花环在不停地滚动，故称“花环龙”。

跪龙

盘龙

花环龙的舞法：

（1）有“站、蹲、跪、骑、坐”舞技舞法，既可临大小广场，又可登大小舞台，还可以在室内厅堂表演，甚至骑上高墙，或站于小桥上作舞；既适合于山区活动，又宜于城区表演；既富于浓郁的山乡特色，又具有新时代的气息。

（2）具有空间优势，不拘场地大小、地势高低，长于向纵（空）施展，形成浓郁的高山舞蹈色彩。

（3）传统的龙舞以舞“单龙戏珠”、“双龙戏珠”为主，改进后的花环龙，主要吸纳了民间传统“站舞”、“骑舞”的精华部分，合成花环龙“站”、“跪”、“坐”、“骑”灵活运用的独特舞法，其次是改单龙为双龙结合，突出合舞中的“双龙抢珠”、“抢珠360度转动”、“跳龙珠”、“多龙结合的环舞”、“双龙交叉进行”、“卧龙走圆场”、

“单龙戏珠”、“川龙”、“盘龙” 等套路。

花环龙除龙头、龙尾外，中间为一节节圆筒，节与节之间扎着一大串花环圈，圈上扎着密密的反光色纤维包装带，龙一起舞时，这些彩色包装带就飘起来，看上去宛如朵朵美丽的大花环在空中不停滚动，飘逸洒脱，气势夺人，煞是好看。改进后的花环龙，造型美观，威武雄健，舞动时似巨龙追夺红色宝珠，飞腾跳跃，如入海破浪，飞冲云端，给人留下腾云驾雾之感。

2007 年，花环龙分别被大埔县、梅州市、广东省列入非物质文化遗产保护名录。

（三）舞虎

客家人舞狮舞龙，是近百年才兴起的，在此之前却是舞虎而不是舞狮舞龙，其中原委与中国人的观念信仰相关。虎在人们的心目中是最威武的动物，在客家人心中亦然。诸如州官府尹、财主老爷以及占山为王的寨主坐的都是虎交椅，用以显威风、壮权势；不少豪门贵族厅堂上也高挂虎图。

舞虎是中华民族的一项古老传统，至今依然存在于中华大地各个地方，最具代表性的要数客家的舞虎。据客家《涂氏宗纪》记载：“祖堂梁栋之上虎啸图，远看虎虎生威。年节极乐……族中长辈礼帽新衣，迎接贺岁舞虎。爆竹引路，将虎引至祖堂，虎头舞动，虎皮缠身。”客家原来多是古代中原河洛地区的汉族人，因避中原频繁的战乱而南迁到南方闽、赣、粤交界的山区。在《古氏南迁》一书中，记载着舞虎的内容：“祖上自中原南迁，越南海而入桂，历尽艰辛，艰难谁知？千里奔波，粮尽物耗，独有传世物虎头，雨淋日晒，随众翻山越岭，舞虎觅食，斗虎擂台，谁能分真假焉？”这段不足百字的记载十分感人，可以想见，在当年战乱中，血火交兵，人民惨遭涂炭，家园和财物化为灰烬。城乡人民为避难，扶老携幼，离乡别土，蜂拥向江南迁徙。他们在途中爬山越岭，风餐露宿，缺衣无食，沿途乞讨，但仍然背着传世的木雕虎头，以舞虎觅食，足见他们的艰辛以及对虎文化的信仰。

（四）迎灯

1. 平远船灯

双船

漂船

据《平远县志》记载：平远船灯舞由福建省武平县传入平远已有200多年历史，因平远县差干镇湍溪村与福建省武平县下坝乡接壤，民间交流甚为密切，“船灯”通过民间渠道在该县境内流传开来。

船灯的由来与一传说有渊源：清康熙帝乔装出巡至福建沿海，突遇风暴，险些丧生，幸投宿于一渔船，在与船家祖孙言谈之中，康熙帝获悉渔家饱受渔霸欺凌，不得温饱，甚为恻隐。翌晨临别时，特赠夜明珠一颗，亲笔题赠“渔家乐”金匾和“圣旨”金牌各一。渔翁顿觉福从天降，叩头跪接。尔后，渔民们再不受渔霸欺凌，且有夜明珠之光，风雨黑夜，均可出海捕鱼。后人便根据这一传说排演船灯舞。虽然史书和典籍对这一传说缺乏完整的记载，但从船体的传统构造和装饰可见一二。一直沿用至今的传统平远船灯，以单船表演为主，道具船舱的前上方正中有一圆球灯，模拟康熙帝恩赐的“夜明珠”，在其下方，镶嵌有“圣旨”两字，船舱两边镶有对联：“江河湖泊波浪涌；远近通达逍遥递。”船舱尾部正上方镶牌匾中“渔家乐”三字，对联为：“行舟驾入仙人境；鼓箫奏出太平歌。”船尾彩架上，挂一盏用于照明的灯笼，供夜行船之用。“灯”与道具“船”合称为“船灯”（船与灯的结合，是平远船灯的特色，也是与北方旱船的根本区别）。加上船头、船尾表演者的划船等舞蹈动作，谓之“平远船灯”。

平远船灯舞在整个表演过程中，表演形式分别有单船、双船、三船或多船等几种，通过追船、跳船、漂船、旋船、拉船、汇船灯表演展示出来。船灯舞由三人相互配合共同表演，配有男女演员各一人，男者饰老翁，女子扮孙女，分别在船头和船尾前呼后应合作表演，还有一人隐藏在船舱内操纵控制彩船。表演时以歌为主，用一长条布块系于舱内前后对角处，架在双肩上双手紧紧抓住舱的前后横档另一对角处。表演时将船体舞动，让船前后左右行进，停靠摆动自如，全由操船者掌握控制，舱内舱外表演动作娴熟，配合默契，协调和谐，自始至终给人以“船在水中行，人在船中舞”的感觉。

平远船灯舞是该县的传统民俗活动，具有较高的历史、民俗学、文化艺术、对外交流和旅游开发价值。从新中国成立至今，曾于1957年和1997年两次晋京。

2. 兴宁花灯

兴宁黄陂花灯（许晓容　摄）

悬于祠堂的花灯（许晓容　摄）

花灯是我国传统农耕时代的文化遗产，起源于东汉，盛于唐代，到了宋代遍及民间。兴宁花灯由元宵节花灯演变而来。据《兴宁县志》记载：“自明代起，本县即有在元宵节赏灯的风俗。”古时的花灯有两种：一种叫圆形灯（宫灯），花灯上的人物皆为绢布所制的立体形象；另一种花灯是流传于民间的花灯，灯形八角，人物用剪纸彩绘而成，兴宁花灯的含义与岭南各地花灯的含义基本一致，都寓意着吉利、祈福，祈愿一年四季平安、五谷丰登、六畜兴旺。

兴宁花灯的最大特点是六格外形结构以圆形为主，与现在北京的六方宫灯属同一类型。花灯的制作工艺复杂，选用本地的竹为原料，进行裁料、火熏、扎架、糊纸。兴宁花灯为六格圆形灯，上下结构，中间分上、中、下三层，合起来共五层，分别用手工绘画“恭贺新禧”、“状元及第”、“仙君送子”、“全家福满朝贵”、“子孙满堂”、

“弦箫鼓乐”、“歌舞升平”等图案。

兴宁的六格圆形花灯与北京的六方宫灯样式相同。相传元代兴宁黄氏两兄弟手艺高超，声名远播，后被当朝政府调往宫廷，专门服务于宫廷的工艺制作，同时制作宫廷的六方宫灯。六方宫灯是宫廷使用的工艺产品，不流传于民间，后来黄氏两兄弟由于年岁已高，返兴宁故乡养老，就把宫廷制作六方宫灯的技艺传授给自己的子孙们，世代相传，一直在兴宁流传至今。

赏灯是兴宁元宵的重要民俗内容，从正月初六至十八都是各乡村赏灯的日子，主要包括以下流程：

（1）请灯。在赏灯前几天选定一个日子，村中的男青年成群结队，一路敲锣打鼓，燃放爆竹把花灯请回来，敬放在祖屋上厅正梁架下。花灯装饰有花带，一条花带代表一个新丁，两条花带就代表两个新丁，本村今年有多少个新丁，就有多少条花带。花灯接回来后是要好好保管的。接回的花灯有两种，一种是全村的花灯，供正月十五祠堂赏灯用，此花灯主要保管在丁首家；第二种是各老屋的花灯，供正月十六老屋转灯用，此花灯在老屋保管。

（2）挂灯。在赏灯前一天上午举行。丁首要准备一条长长的灯带和“三牲”祭品摆放到老屋厅堂的供桌上，其余的家家户户都要带上香烛和鞭炮集中到老屋祭祖，新丁家把花灯用灯带串好，挂起来，只能挂到中间位置，而旧的那个花灯也不能取下来，只能降到中间高度，这时新老两个花灯是并排着的，固定好花灯后，挂灯活动就结束了。

（3）赏灯与升灯。下午新丁家庭都要备上“三牲”和香烛、鞭炮到祠堂集中，吉时一到，便开始祭拜祠堂内的祖宗牌位和神仙神位，并将登记在新丁造表册上的新丁的名字一一念诵给祖公听，俗称“赏表”。赏表结束后燃放鞭炮，之后便是升花灯。跟每个老屋升花灯不一样，这个时候的花灯不是挂到一半，而是挂到最高，旧的花灯放下来，用火烧掉。升灯时，由丁首带头，各个新丁的家长各自抓住灯带将主堂的花灯升起，这时，站立旁边的讲好话的人，会说一些祝福的话，一般由四个字组成，俗称“讲四句”，比如“财丁兴旺”、“四季发财”之类。仪式结束后把祠堂的供台收拾干净，各新丁家庭代表站在高处将带来的糖果饼干之类的食物往供台上倒，而供台周围早就已经围了一圈又一圈的人，有大人，也有小孩儿，哄抢着从上面倒下来的东西，俗称“抢丁”。村民认为抢到的那些东西是带着好运的，抢得越多越好，并认为这些东西能使自己的家庭财丁兴旺。

3. 五华迎灯

虾灯

迎灯中的狮舞

“迎灯”是客家话的直译，即灯会。迎灯有双重含义：一是观赏花灯，二是庆祝添丁。在客家方言中，“灯”与“丁”谐音，“丁”是男丁的意思，因而迎灯就是“迎丁”，有祈求人丁兴旺的意思。关于五华下坝迎灯的渊源有两种说法：①下坝周氏七世祖周瑄公（1440—1507）兴修水利造福百姓，周瑄公死后，当地周氏族人为纪念他的丰功伟绩，便在每年正月十五晚上（如天气不好就往后推延）敲锣打鼓，迎举着由竹筒制成的油灯，沿着周氏居住的地方——水寨下坝（今为河东镇）举行隆重的祭祀仪式。仪式流传至今已有500多年历史。②传说周姓人民有做灯笼卖的传统，而“灯”与“丁”谐音，周姓人民感觉把灯笼卖了就好像把自己的人“丁”也卖了一样，因而产生不安心理。为了摆脱这种不安，便在元宵节那天举行迎“丁”仪式（迎灯笼游街），把自己的“丁”给迎回来，于是定于每年农历正月十五这天擎灯游行。因为邻近其他姓氏生怕他们把自己的“丁”给迎走，不允许他们经过自己的地盘，所以他们擎灯游行的路线不会太远，只能在属于自己的范围内举行迎“丁”仪式。由以上两种传说可知，五华下坝迎灯活动有祭拜先祖和兴旺人丁两种基本寓意。

五华下坝迎灯活动开始于每年正月十五下午两三点，每家每户先行“三献礼”祭祖，即陈列好供品之后行三次献酒：初献爵、亚献爵、终献爵。六点各房子孙到祖宗神位和诸神前参拜，在老祖屋前敲锣打鼓、舞龙舞狮、放孔明灯等，很是热闹。参拜过后，男女老少集体到下坝河堤。周氏祖先周瑄公有三个儿子（即三房），他们迎灯得

按照兄弟辈分排着走，老大那一房的后裔先走，接着是老二那一房的后裔，最后是老三的后人，所有人都要经过水寨大桥旁边的观礼台向各界嘉宾和周氏的长者致敬。迎灯队中最前面的是扎着各式图样的用鲜花制作的精美牌灯，后面以金鼓、高灯、横额、八音彩旗、花车、牌楼、锣鼓、扮景、乐队、龙狮、花灯的顺序依次排列，人们手擎自编自织的各式花灯开始游行。游行回来后，各房子孙围坐于祖屋中进行升灯、赏灯、猜拳、吃“新丁”酒等活动。每家每户除了比较灯笼的漂亮程度以外，还比较各队花车的漂亮程度，看看哪房的人财丁兴旺、热闹、祥和。精彩的迎灯活动吸引了大批从各地慕名而来赏灯的群众。

舞龙又称“舞龙灯”，是汉族民间最传统的文化艺术，是客家人在重大节日里的一项重要的民间文艺体育活动。龙的种类各地也略有不同，客家地区大多是用竹篾片扎、用黄布缝制的黄龙，也有用稻草扎的草龙。最初龙灯的“灯”是蜡烛或油灯，但在活动过程中常有因为意外而烧坏灯笼的事发生，客家人认为这是很不吉利的，后来就改用干电池小灯泡。客家地区一支舞龙队一般是由一个姓氏家族组建的，主要由舞龙的人员和锣鼓队组成。舞龙灯通常在屋外空地上进行，表演完后，便进入主家的厨房敬“灶神”，从龙头拔下几根龙须放到灶头上，以示风调雨顺、吉祥如意。

五华下坝地区的周氏人有做灯笼卖的传统，灯会的花灯都是由每家每户自己扎制的，家家户户根据自己的爱好，尽显其艺。花灯的造型是采用竹篾为骨架，糊纸绘图，中燃油灯（现已改用电灯），完全用手工精心制作，巧夺天工。花灯的样式五花八门，有长方形、五角形、圆形、菱形等。种类甚多，有鱼灯、虾灯、蟹灯、水果灯、百花灯、走马灯、十二生肖灯等。每年还会有若干件新品种在节日中展示给大众欣赏，当晚擎灯游行的队伍活像一条气势磅礴的“火龙”。

祭祀迎灯活动不仅传承了文化，发扬了传统，而且以具体的各种民俗活动来引导与教育下一代尊祖敬宗、尊老爱幼，增进人与人之间的团结互助、谦和礼让。通过追溯前辈们的丰功伟绩，教育下一代要以读书求学为荣，以自强自立、刻苦耐劳和开拓奋进的客家精神为荣。在迎灯活动中，许多长辈言传身教地让年青一辈学习活动中打鼓敲锣的方法、舞龙舞狮的技巧、制作彩灯的工艺等，从而使这种传统自然地得到传承，也使年青一辈学习到在学校学不到的知识。

七　客家民间体育游戏与竞技

客家民间体育游戏是客家人强身健体的活动，是客家人在长期的生产和生活过程中创造出来的具有浓厚的乡土趣味性的体育活动。它根植于客家人的生产方式、生活方式、风俗习惯和民族意识，有些是传承中原文化而来的，有些则是本地土生土长的。内容生动具体，形式活泼轻松，多半是生产和生活能力的再现，且蕴含着各种身体练习的知识技能与技巧。许多游戏还配有节奏明快、朗朗上口的儿歌和民谣；活动器具就地取材，并且与家庭生活用具密切相关，取材方便，灵活多变；活动地点在院坪晒谷场或屋前屋后，场地开阔，空气清新，易于组织；活动对象广泛，老少皆宜。

客家民间体育游戏具有突出的民族凝聚价值，独特的教育、健身、娱乐、竞技功能和审美追求以及极为丰富的民族情感内涵，它反映出独特的民系个性和鲜明的地域文化特色，具有深刻的民族文化底蕴。客家民间体育游戏随着时光的推移和现代文化的冲击，正处于飘摇之中，面临被世人遗忘的境地。许多民间体育游戏项目已出现既无文字记载，又无技术传人的局面，一些项目甚至濒临灭绝。因此，对客家民间体育游戏进行挖掘、整理和系统研究迫在眉睫。它不仅是民俗文化理性传承的需要，也是塑造民族精神、促进人类健康的需要。

客家民间体育游戏根据分类的依据（内容、形式、作用、参加对象等因素）不同其结果也不一样，而且有的游戏含有两个或两个以上的分类因素，因此，要严格、科学地对其进行分类是相当困难的。我们主要根据客家体育游戏的基本活动技能和形式的不同将其分为奔跑类游戏、跳跃类游戏、投掷类游戏、攀爬类游戏、角力类游戏、水上类游戏、室内及其他类游戏等。具体项目分类如下表：

客家民间体育游戏分类表

分类	名称	项目数量
奔跑类	冲（攻）城、老鹰抓小鸡、捉人、滚铁环、推轮胎跑、跑风车、丢手绢、贴药膏、骑竹马、占四角、踩高跷、解救人质（传电）、瞎子逮人	13
跳跃类	跳格子（房子）、跳山羊、脚勾脚跳、跳绳、跳皮筋、跳竹竿、斗鸡	7
投掷类	打尺、穿越封锁线、丢沙包、投筷入瓶、打水漂、射弹弓、套圈、弹球、扔飞镖、扔纸飞机	10
攀爬类	打啪（俯卧前进）、爬竹竿（树）、爬绳、爬梯子、推小车（铁牛耕地）	5
角力类	箍腰跤、扳手腕、扁担顶力、双人背部对顶、背对背拔河、举石担、竹绳拔河、互抱角力、单脚推人、四角拔河	10
水上类	打水仗、水底寻宝、浮冬瓜（浮体比赛）、划木（竹）筏、仰泳比赛、踩水、水上竞速	7
室内及其他类	打石子、左手挑豆子、翻绳、手腕解脱、挑棍子、打手背、对掌、玩捻捻转、各种棋牌类、踢毽子、放风筝、捉迷藏、竹蜻蜓	13

（一）奔跑类游戏

1. 冲（攻）城

游戏方法：在空地上画两个方向相反连在一起的方城，每个城的入口处有街道，入口的中间有一个圆形的城角为安全站，由安全站通过另一街道进入城内，两街道相连且成90度角。城内与安全站对角处为家。游戏开始前，先将游戏者分成两组，各占一个城池（人数不限）。双方各自安排好一部分人负责守城，一部分人负责攻城。开始后，攻城的人跑出自己的城池，争取由一部分人抢先攻占对方的安全站，这时对方不可以入内，待己方的人多了，一起向对方城里进攻，以踏入对方城内的家为胜利。在冲城的过程中，可安排一部分人在城内或城外将对方城内的人拉出来，若将正在跑道上的敌人推出了跑道则为消灭了敌人。在整个攻守城的过程中必须经跑道出入，越线或踩线均算犯规被罚下。

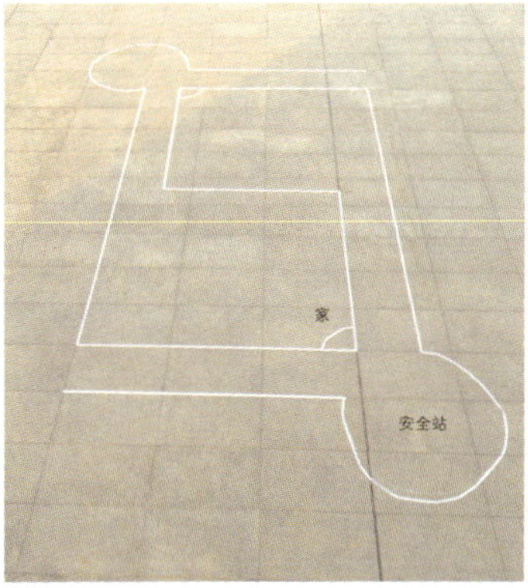

冲城 1[①]

冲城 2

冲城 3

冲城 4

2. 滚铁环

滚铁环的游戏方式多种多样，可以是自己一个人玩，也可以几个人进行比赛，而比赛又可以分为直线跑赛、绕“8”字跑赛、障碍赛、往返接力赛和绕障碍接力赛等。此处以最简单的直线跑为例。

游戏方法：在场地上画两条相距一定距离的平行线（一般为 50 ~ 100 米），分别为起点和终点。比赛开始，运动员的脚前后站立在起点线上，身体稍向前倾，目视前方，一手握铁环上方，另一手执操纵杆，且将铁钩靠近铁环。当听到“开始”口令后，快速推铁环前进，直至推过终点线，按计时成绩排列个人名次。

规则如下：滚铁环成绩往往精确到 0. 1 秒；在起跑时抢跑两次者

---

① 本章图片由嘉应学院黄增松拍摄，后文不再标注。

被罚下；在推进中如铁环倒地、互撞或穿出本道，如没有影响他人不判犯规，应从失误处重新推环前进；通过终点时，手臂不能离开铁环等。

3. 贴药膏

游戏方法：在场地上画一个大的圆圈或长方形，游戏者两人一组，一前一后站在大圆圈或长方形上，每组左右间隔约2米。另选一人当追逐者，一人当逃者。游戏开始，追逐者去追拍逃者，逃者可利用圆圈或长方形上的人作障碍与追逐者奔跑周旋，可在圈（框）内外奔跑躲避，但不能跑出规定的界限。在跑的过程中，逃者可以站在任何一组的前面或后面贴人，这时这组后面或前面的人则变成逃者，追者继续追拍，直到追拍到逃者为止。追拍到后两人交换角色，游戏继续进行。到规定时间，游戏结束。

贴药膏

4. 骑竹马

游戏方法：竹马就是小孩把竹竿当马骑。用一根约与人同高的竹竿或比较柔软的树枝条当马，放在两腿之间，一头着地，另一头用手把牢，双脚配合着自己想象出来的马蹄节奏，指挥竹马奔跑或停止。也可以多人玩，互相追逐或排成一纵队，嘴里念叨歌谣或古代英雄人物的一些话语。如“骑竹马，过池塘，池塘水深不得渡，问郎长，问郎短，问郎此去几时还?”还可以在空地上画相隔一定距离的两条线进行速度比赛。

5. 老鹰抓小鸡

游戏方法：游戏开始前先分角色，1 人做饥饿捕食的老鹰，1 人做保护小鸡群的老母鸡，其余的人当小鸡，约 10 人为宜。“小鸡”们排成一纵队，每人都用两手抓住前面“小鸡”的衣服，在最前面的是“老母鸡”。“小鸡”们紧紧随“老母鸡”左右跑动。“老母鸡”努力张开双臂阻挠“老鹰”抓获身后的“小鸡”，但不能抓住“老鹰”的身体和双臂。若“小鸡”被“老鹰”用手拍到，或是在躲闪时脱散都算被捉，被捉后应及时退出游戏。若“老鹰”累了，“老母鸡”便会带着众“小鸡”一起挑逗“老鹰”：“老鹰，老鹰，转转，给你个小鸡看看。”“老鹰”被激怒后，便叫着跑着继续捉起“小鸡”来。等到“老母鸡”身后的“小鸡”全被“老鹰”抓完，一场游戏便结束了。

老鹰抓小鸡 1

老鹰抓小鸡 2

6. 占四角

游戏方法：在平坦的地上画一个四方形，四角各画一个直径约 40 厘米的圆圈或边长为 40 厘米的小正方形。游戏由 5 个人组成，4 个人分别站在圈内或正方形内，余下 1 人站在中间，为抢占人。游戏开始，角上的人随意跑动或逆时针方向跑，相互换位，抢占人找到机会迅速占位，没占到位置的人变为抢占人，游戏重新开始。此游戏需要注意的是四个角的间隔一定要足够宽。

占四角 1

占四角 2

7. 解救人质（传电）

游戏方法：在空地上画两个正方形或圆形为家。将游戏者分为两组，人数不限，图形大小根据人数多少来确定。每组选择一个正方形或圆形作为自己的家，两组队长以石头剪刀布的方法决出输赢，赢的一组跑，输的一组追。例如，甲组追，乙组跑，一旦甲组追到乙组的队员，就会把他囚禁在甲组家里。如果乙组队员全部被囚禁，则甲组胜出。但是在这一过程中，乙组队员可以营救本组的成员，被救人只要手接触到营救者的手就可以逃跑，重获自由。跑的人不可以长时间留在家里，否则本方失败。追的人不可以留超过 3 人在家看守人质，否则取消比赛资格。在追逐过程中只能用手，不得出现脚绊、撞击等危险动作，否则取消比赛资格。

解救人质 1

解救人质 2

（二）跳跃类游戏

1. 跳格子（房子）

游戏方法：跳格子的游戏方式多种多样，我们可以先在地上画出各种阵形的格子，可以是长方形、正方形或长方形与圆形相结合，可以是一列纵排也可以是两列或三列纵排。游戏开始前，先用石头剪刀布的形式决定跳的先后顺序，然后按顺序轮换进行。游戏开始，先将瓦片或石块抛在第一方格内，单脚跳进，踢瓦向前，一格一格跳过，进入最后一个方格后将瓦片拾起跳回开始处，再将瓦片抛入第二方格继续跳，直至跳完全部方格，就可以背对着房子，将瓦片由头顶向后抛出，抛到第一格即为造房成功，否则失败，下一轮次由此处继续开始。另外，规定造房子必须由第一格开始建造。造房成功后，再踢时可以在自己盖的房子内休息（即可双脚落地），而其他人或瓦片到达这个地方时，必须跃过或踢过，不准入境。最后，以盖的房子多少来决定名次或者按规则轮流跳，先跳完所有房子者为胜。在跳房子的过程中出现瓦片抛错地点或压线，跳格子的脚不小心踏在线上，或瓦片被踢到格子外、压线或连穿两格，均算失败，此时按顺序轮换下一人跳。

跳格子 1

跳格子 2

跳格子 3

跳格子 4

2. 跳山羊

游戏方法：根据人数的多少，在空地上画一个相应的大圆圈或长方形，一人做“山羊”，其他人可在圆圈或长方形内自由活动。游戏开始，做“山羊”的人模仿山羊在地上爬行、跳跃，爬行过程中把脚伸出去拦截或绊倒其他游戏者。只要把其他游戏者赶出圆圈或长方形，或者用脚碰触到其他游戏者即为胜利，这时“山羊”与被赶出或碰触到的人互换角色，游戏继续进行。

跳山羊 1

跳山羊 2

跳山羊 3

跳山羊 4

3. 脚勾脚跳

游戏方法：脚勾脚跳游戏有多种，可以两个人玩，也可以多人一起比赛。两个人玩时，两个人并排站立，将相邻的脚勾在一起，用单脚跳，同时两手拍掌，接着转着圈跳起有节拍的舞蹈，嘴里念着歌谣“跳跳拍拍来唱歌，拍拍跳跳多快乐。跳跳拍拍长大个儿，拍拍跳跳都来做”。如果多人玩，可以大家一起脚勾脚跳着转圈，看谁跳的时间最长。也可以分为两组进行比赛，即每组的游戏者脚勾脚，与另外一组的人在划定的范围内进行推搡比赛，如果有人把勾着的脚脱离，或者踩在线上或线外则此人出局。游戏继续，直到有一组只剩下两人时则对方胜出，游戏结束。

脚勾脚跳 1

脚勾脚跳 2

脚勾脚跳 3

4. 跳绳

游戏方法：跳绳也叫跳索或跳百索，其方法多种多样，可以单人跳，也可以两个人跳，甚至多人一起跳；可单脚跳，双脚同时跳，双脚一前一后跳；可前甩跳、后甩跳、前交叉跳、后交叉跳、双摇跳、“8”字形编花跳；可以是短绳跳，也可以是长绳跳，还可以是 1 人蹲式画圆跳以及各种跳法的接力赛等。

单人跳：即双手各执绳的一端，先将绳的中间部分垂落在身后地上，然后把绳从身后抡过头顶至身前地上，双脚跳起或双脚先后跳起或单脚跳，绳从脚下而过。如跳不过或绳抡坏，就得重新开始。也可将绳由身前向身后抡跳、双摇跳（抡两圈跳一次）、交叉跳等。

双人跳：可以是两个人每人各执绳的一端，向前或向后摇抡跳；也可以一人单跳附带另一人一起跳，被带跳者可站在抡跳者身前或身后，也可在跳者抡绳后另一人跳至其身前或身后随跳。

多人跳：由两个人拉开距离相对而立，各执长绳的一端，将绳抡起。跳者可多人在抡绳前站在绳着地的旁边，随绳起而跳，也可在绳抡动时一起或依次跳进或跳出。也可在跳绳时一起绕“8”字跳。谁跳坏谁就去替换抡绳者。

单人跳

双人跳

多人跳

一人蹲式画圆跳

一人蹲式画圆跳：蹲在活动场地中间抡起跳绳画圆，站在四周的数人，及时跳起避开。

跳绳接力：在场地上画两条相距一定距离的平行线，一条为起点，一条为折回线，并在每队折返点插上一面小红旗。将游戏者分成人数相等的几组，各组成一列纵队站在起点线后，当听到“预备跑”的口令后，各组第一人双手向前摇绳跑，绕过红旗跳绳跑回，并将绳交给下一人，直至本队最后一人跑回起跑线，以先完成的队伍为胜。跳绳时应该连续一摇一跳；中途失误后必须在失误处重新摇绳后方能前进；要在起点线后跳绳，违者取消比赛资格。

闯三关：游戏者每两人一组，成两路纵队站立，选出三对摇绳者，保持一定间隔，按同一节奏摇绳，游戏开始，同组两人手拉手跑过三根摇动的长绳，顺利通过三关者为胜。碰绳者与摇绳人互换。

5. 跳皮筋

跳皮筋 1

跳皮筋 2

游戏方法：跳皮筋有单人跳、双人跳和集体跳。拉皮筋的位置可以两臂下垂手指处或膝关节为起点，向上为臀部、腰间、背部、颈后、头后，以单臂向上伸直为终点。玩这一游戏时，可以两人扯皮筋或将皮筋固定在两树干之间，供一人或数人跳。也可以由多人将皮筋拉成三角形、四角形、菱形、“人”字形、扇形等多种形状来跳。跳皮筋主要有点、迈、顶、转、绕、掏、摆勾、摆压、踩、摆踩、绕踢等基本动作，可任意组合套路。如点、迈组合；点、迈、转组合；点、摆压组合；点、摆勾组合等。单人跳皮筋可由单人或多人依次在单根皮筋或两根皮筋间轮流跳。集体跳皮筋可在每条边上由一人或几人均跳统一动作，沿各边轮流跳，每跳完一轮换一套组合。不管是单人跳还是集体跳，当一个高度成功后逐次升级，直至把所有高度跳完为止。在玩跳皮筋时常常配以多种音乐和简单的歌谣等。如：

歌　谣

一二三四五六七，马兰花开二十一；
二五六，二五七，二八二九三十一；
三五六，三五七，三八三九四十一；
四五六，四五七，四八四九五十一；
五五六，五五七，五八五九六十一。

6. 跳竹竿

游戏方法：跳竹竿通常在节日和农闲时进行。跳竹竿时，将一部分游戏者分为两排，双膝跪地相对而坐或蹲站着。并根据游戏人数的多少在地上摆放若干根竹竿，每人双手各握一根竹竿的两端，在音乐或锣鼓的伴奏下，有节奏地将手中竹竿一分一合，一高一低击打枕木。其他游戏者随着竹竿的分合、高低灵巧地跳跃嬉戏于竹竿间，或单脚或双脚，做出各种舞蹈动作，展示各种优美姿势。如果跳竿者的脚、腿、腰等部位被上下、左右舞动的竹竿夹住，则为失败，此时要跟持竿者互换位置继续游戏。

7. 斗鸡

斗鸡 1

斗鸡 2

游戏方法：斗鸡因游戏者模仿“金鸡独立”的姿势而得名。游戏前，先在空地上画一个圆圈或长方形。将游戏者分为若干组，每组两人，两人之间相距 1 ~ 2 米。游戏双方单脚站立，另一腿屈起，用手握住屈起腿的脚腕，双方在圆圈或长方形内跳动，跳动时突然用屈起的膝盖互相撞击，可运用顶、压、挑、撞的动作将对方撞出界外或使其站立不稳，两脚落地或歪倒为败。斗鸡游戏可以两人一组对斗，也可以一群人彼此混战。以最先完成的队伍为胜利方，或在规定时间内失败次数少者胜。

（三）投掷类游戏

1. 穿越封锁线

游戏方法：画两条相距一定距离的平行线为投掷线，并在两投掷线中间画两条相距 1 米的长线为通道，两端画上起点和终点线。用具有球或毽子等若干个。将游戏者分为人数相等的两组，分别为攻、守方。守方分别站在投掷线上，每人持一球，攻方则站在通道的起点线后。游戏开始，攻方依次以快速跑跳和躲闪动作冲过封锁区，到达对面的终点线。守方则在攻方通过时用球投掷其腰以下部位，被击中者退出场外，未被击中而到达终点者可得 1 分。然后两队交换进行，最后以被击中少的队伍为胜利方。在游戏中，守队不得踏线，不得入区掷球，攻方不许越过通道两侧的线，否则判为被击中。

穿越封锁线 1

穿越封锁线 2

穿越封锁线 3

2. 打尺

游戏方法：准备一根长木棍（约 40 厘米）和一根短木棍（约 15 厘米），两块石头（高约 8 ~ 10 厘米）间隔 10 厘米摆放在空地上，然后在离石头 10 米处画一条瞄准线，并将游戏者分为人数相等的攻方和守方。游戏开始，守方派一人把短木棍放在两块石头上，用长木棍将短木棍往前上方挑起，攻方在前奔接，若接住则可在瞄准线上把守方横架在石头上的长木棍打掉，若未接住则在木棍落点把守方横架在石头上的长木棍打掉，这时守方得0分，换攻方开始。若未打掉则由守方在瞄准线上把短木棍放在地上的小树枝或小石头上，使其倾斜，然后用长木棍用力击打短木棍，在短木棍跳起的同时用长木棍将其击打向前方，这时用长木棍丈量短木棍落点处与游戏的起点处的距离并记为多少尺。若在短木棍跳起的同时用长木棍将其击打两次后再击打向前方，这时则用短木棍丈量短木棍落点处与游戏的起点处的距离并记为多少尺。攻守方每人轮流打，最后以丈量尺数的多少定胜负，多者胜，少者负。

3. 打水漂

游戏方法：游戏者手持扁平的瓦片、石片，站在水边同一条线上，听到口令后，同时将瓦片和石头贴着湖面用力“刷”出去，看谁的瓦片、石片在水面滑行最远或比谁的瓦片、石片点水的次数最多。石片出手后必须经水面反弹滑行，没有反弹而直接落入水中算失败。打水漂成功的关键在于用右手拇指和食指捏住小瓦片，然后用力扔出，使瓦片旋转前进，出手时旋转的初速度越快，瓦片旋转就越快，飞得也就越远。

打水漂 1

打水漂 2

4. 射弹弓

游戏方法：选择直径有小指粗的开叉的树枝，以有韧性的树枝为佳，锯成手掌大小的三叉形状，在两分叉距末端半厘米处用小刀刮掉1～2毫米的树杆，便于套住橡皮筋。找一块自行车内胎片或布条，在两端线中间各剪一个小孔，用一根长20～30厘米的橡皮条，将其穿过两个孔，两端分别用坚韧的线或铁丝扎在树枝末的切割部位，弹弓便制作完成。子弹可用泥块、铁球、小石头或果核等代替。

游戏前，先在墙壁上或大树干上，用粉笔画一个圆圈当目标，一只手举起弹弓与脸部平行，另一只手的大拇指和食指一起握紧橡皮筋中间的布条或橡胶片夹着的子弹，往自己方向拉开橡皮筋，瞄准目标，快速松手将子弹射出。以射中离圆圈中心点最近处为胜。也可以把游戏者分为人数相等的两组，射中圆圈得 1 分，最后以总分多者为胜利方。

射弹弓 1

射弹弓 2

（四）攀爬类游戏

1. 爬竹竿（树）

游戏方法：爬竹竿是采用手或手脚同时攀登竹竿的游戏。攀爬时可采用双手牢牢地抓住竹竿，用脚掌弯曲夹住竿子，双手依次用力向上抓的同时脚掌夹竿向上蹬伸，身体向上爬，到达终点后，两脚轻轻夹住竹竿向下滑，手依次交换握竿。也可以只用双手依次交换向上（下）爬上爬下，这时要求脚伸直靠在竿上，不能用力。爬竹竿可以大家同时开始向上爬，看谁爬得快、爬得高。也可以把游戏者分成人数相等的若干队进行爬竿接力赛。首先，各队在相对应的起跑线后成一路纵队站好，听到开始口令后，第一名队员迅速跑向竹竿向上攀爬，爬到顶点击响铃后迅速下滑落地跑回本队，击打第二名队员的手后，第二名队员出发，按上述方法直至全队完成，按完成的先后次序排列名次。

2. 打啪（俯卧前进）

游戏方法：打啪是在夜幕降临的时候，农村的孩子都聚在晒谷场，凭借树木、房屋、稻草堆作掩护来进行的一种侦察辨别类游戏。游戏前将游戏者分成人数相等的两组，分别找个掩体藏起来，然后由组长安排大家互换衣服、鞋子，把头发用衣服或帽子遮起来进行伪装。游戏开始，同一小组的队员可统一或兵分几路拿着手电筒匍匐前进去找寻另一组的队员，当发现对方队员时赶快说出对方的名字，如若正确，则该队员“死掉”退出比赛；如若说错名字，则很容易被对方辨别出并马上被说出名字，从而使自己“死掉”，退出比赛。游戏依此方式继续进行，直到一组全部“死掉”，则对方获胜。在游戏中，每人均必须一直匍匐前进。另外，由于大家都比较熟悉，所以，在游戏开始前往往通过互换衣服、把头发用衣服或帽子遮起来等各种方式进行伪装。

3. 爬梯子

游戏方法：在场地上画一条起跑线，在起跑线前 3～5 米处放若干架长梯子，在梯子前 3～5 米处放一标志物。游戏前将游戏者分成人数相等的若干队，各成一路纵队站在起跑线后，当听到“开始”的口令后，第一人迅速跑到梯子前，手脚并用依次爬过每一根梯子横木，后跑向并绕过标志物跑回梯子前，再在梯子上爬回来，跑回起跑线后，拍打第二人的手，第二名队员出发，依此类推，直至全队完成，按完成的先后次序排列名次。

4. 推小车（铁牛耕地）

游戏方法：推小车游戏是游戏者两手撑地，两臂伸直，俯撑分腿成小车，后排队员站在前排队员两脚之间，两手握住前排队员的踝关节，做推车人。游戏前，在场地上画相距一定距离的两条平行线，分别为起点线和折返线，在折返线处放一标志物。游戏开始，后面队员以推小车状配合前面队员不断移动撑地的两手快速前进，到达折返线后绕过标志物，返回起点，按完成的先后次序排列名次。

推小车 1

推小车 2

（五）角力类游戏

1. 扳手腕

游戏方法：扳手腕以两人为一组，两人尽可能力量相当，也可按体重、年龄、性别划分不同的组别。游戏开始，两人在课桌前后相对坐好，将胳膊肘支在桌子上，双方手握手保持垂直角度，听到“预备——开始”口令后以最快的爆发速度将对方的手腕扳倒在桌面的一方为胜。一般采用三局两胜制，也可一手比赛完毕换另一手比赛。在比赛的过程中，肘部不准离开桌面且不可以移动；双脚或单脚不准离开地面，头、肩不准超过中线。扳手腕除了比拼双方的腕力外，还讲究一定的用力技巧以及顽强的相持能力。

扳手腕

2. 扁担顶力

扁担顶力

游戏方法：在平整的空地上画三条线，每条线相距约 1 米，中间的一条为中线，后两条为界线。比赛开始，两人面对面站在中线的两侧，各手持扁担的一端，并顶于肚脐稍上处，双脚呈弓步，前脚站稳保持身体平衡，后脚用力后蹬，身体向前倾、顶，把对方顶出界线即为取胜。

3. 四角拔河

游戏方法：把游戏者分成人数相等的两组。比赛时由各组分别派两个人，对角站成一个四边形，每人两边的间距为 3 米。比赛时，每人把绳从后向上抄起放至肋下部位，四人把绳拉紧，面向角的方向站好，这时裁判员在每人身体前约 1 米处放置物品后，发令开始，游戏者听到“开始”的口令后，使劲把绳往物品方向拉，使自己能够拿到放置在身前的物品，一旦有人拿到身前物品，就停止本次拔河，并判此组得 1 分。以此类推，一个轮回后，按累计得分多者为胜利方。

四角拔河 1

四角拔河 2

4. 互抱角力

游戏方法：在沙滩或松软的草地或收割后干湿适度的稻田或稻草堆等不易摔伤的地方进行，游戏前先划定界限，如一个圆圈或四边形等。游戏者每两人为一组，面对面站在规定的界限中间。游戏开始，两人上前交手，千方百计抱住对方，利用推的力量将对方推出界外，或将对方抱起送到界外者为胜。在游戏过程中，只能用推和抱的方式进行游戏，不能冲撞或踢打对方。

互抱角力 1

互抱角力 2

（六）水上类游戏

1. 打水仗

游戏方法：打水仗是游戏者用手掌把水拂起来，用水流击打对方的一种游戏。游戏前，先将游戏者分成人数相等的两组，相对站立在齐腰深的水中。听到“开始”口令后，互相用手往对方身上泼水，抵挡不住被泼过来的水量和水势，睁不开眼睛，喘不过气来，从而停止动作或转身离开自己位置的就是失败者。

打水仗 1

打水仗 2

2. 水底寻宝

游戏方法：水底寻宝不仅能增强呼吸肌的力量，还能提高水中憋气的能力和潜水技能。游戏可以以个人为单位进行，也可以以小组为单位进行。游戏前，先将砖块或石头扔进离河岸 3 ~ 4 米远处或分散地置于游泳池的深水区内。游戏开始，大家凭着刚才的记忆，憋足气潜入水中寻找砖块或石头，在规定的时间内摸起多者为胜。

水底寻宝

3. 浮冬瓜（浮体比赛）

游戏方法：浮冬瓜能够发展水下心肺功能，提高水中憋气的能力和潜水技能。游戏者站在水中，当听到“游戏开始”的口令后，猛吸一口气，双脚屈膝抱腿靠近上体，头部脸朝下沉入水中，这时人就像冬瓜一样浮在水面，最后以浮在水面时间长的游戏者为胜。

浮冬瓜 1

浮冬瓜 2

4. 水上竞速

游戏方法：水上竞速可以引导游戏者熟悉水性，消除怕水心理，体会水的阻力。游戏的参加者排成一列横队站在起跑线上，双臂上举，当听到“开始”口令后，快速走向终点，以先到达终点线者为胜。在游戏过程中，双脚不得同时离开池底，不得以任何游泳方式前进。

（七）室内及其他类游戏

1. 打石子

游戏方法：打石子是小朋友模仿大人选种的一种游戏，可以培养少年儿童灵巧、机智的品质，养成耐心、仔细、积极向上的良好习惯。打石子游戏分为三至五个步骤进行（可选取其中几个步骤进行比赛），先完成所有步骤者为胜。

抛接石子 1

抛接石子 2

入鸡笼

翻手背

（1）抛接石子。游戏者将五粒石子撒在地上，捡起一粒比较靠近或贴在一起的石子当作种子王，接着把种子王抛向空中，迅速拾起地上任意一粒石子，（注意不能碰到其他石子）并接住种子王，以同样的方法抛、拾、接，直到桌上石子全部拾起于手中为第一轮。第二轮依次拾两粒、一粒、一粒；第三轮依次拾三粒和一粒；第四轮抛起种子王的同时把其余四粒石子放在地上，尽量让四粒石子聚在一起，并接住种子王，在再次把种子王抛向空中的同时拾起四粒石子，并接住种子王。中间如果失败，等到下一轮再继续，换另一人进行。

（2）入“鸡笼”。游戏者将五粒石子撒在地上，捡起一粒比较靠近或贴在一起的石子当作种子王，接着把种子王抛向空中，迅速把一粒石子拨进左手做成的“人”字形“鸡笼”里（后面四个手指并拢，虎口张开，大拇指和尾指外侧接触地面，形成“人”字形），注意不能碰到其他石子，且要接住种子王，以同样的方法抛、拨、接，直到桌上石子全部拨进“鸡笼”后，在再次把种子王抛向空中的同时拾起四粒石子，并接住种子王，为第一轮。第二轮依次拨两粒、一粒、一粒，第三轮依次拨三粒和一粒，第四轮把四粒石子拨进“鸡笼”，注意每次均必须把规定的石子拨进“鸡笼”里，否则失败，等到下一轮再继续，换另一人进行。

（3）翻手背。将五粒石子兜在掌心，然后抛起，翻过手掌，以手背承下落之石子时再抛一次，迅速翻过手掌，接住所有石子。要求两次的抛接都必须接住所有石子，否则失败，等到下一轮再继续，换另一人进行。

2. 翻绳

游戏方法：翻绳可以提高手指的灵活性，也是锻炼智力、技巧和创意的一种游戏形式。将两手抬起掌心相对，将环形线绳一端套于左手除大拇指以外的四个手指上，另一端套于右手除大拇指以外的四个手指上；左右各被线绳套着的四个手指，分别再绕上一圈儿，接着右手中指挑起左手心所绕之横线绳，左手中指挑起右手心所绕之横线绳，形成“网”状，然后，由另一人运用挑、勾、撑等各种手法将线绳翻出新花样，两人轮流依次翻绳，直至其中一人无法翻出新花样或失误为止，这时判对方获胜。也可以一个人利用绳子变成星星或降落伞等图案。

翻绳 1

翻绳 2

翻绳 3

翻绳 4

3. **挑棍子**

游戏方法：各人手中暗握一定数量的小木棍伸拳，张开手后，以拥有小木棍数量的多少决定玩游戏的先后顺序。也可以大家拿出相同数量的木棍，然后用猜拳的方式决定玩游戏的顺序。将大家的木棍合在一起往地上一撒，第一根棍子用一只手指来挑，其余的用一根棍子把相互压住的棍子挑开，只能一根一根地挑，且在挑的过程中不能碰触到其他木棍，挑起来的木棍落下来时也不能砸在其他木棍上。如果挑战成功，则所挑出的木棍就归己所有，挑起几根得几根，如果挑坏了，则由下一人进行，直至把所有棍子挑完。挑得多者为胜利者。

挑棍子 1

挑棍子 2

4. **玩捻捻转**

游戏方法：捻捻转的道具可以是枫树的果子，也可以自己制作，即用一直径 3 ~ 5 厘米的小铁片或小木盘，中间钻一个小孔，插上一根下端削尖的约1.5厘米长的小棍子。玩的时候用大拇指和食指紧捏小木棍的上端，用力旋拧后马上松开手指，使之在平滑的地上或木桌上飞快旋转，可以两人或多人一起玩耍，以捻捻转旋转时间长者为胜。

玩捻捻转 1

玩捻捻转 2

5. 竹蜻蜓

竹蜻蜓 1

竹蜻蜓 2

游戏方法：竹蜻蜓的形状呈“T”字形，可用一块小竹片，磨光打平，削出一定的折角度，正中间钻一小孔，小孔两边逆向倾斜，呈螺旋状，在小孔上插一根直的竹棍子，一个竹蜻蜓玩具便做成了。玩时将竹蜻蜓放在两手掌间，两手掌使劲搓动，由慢到快，然后双手松开，竹蜻蜓就在半空中旋转飞升起来，直到停止转动才慢慢落在地面。竹蜻蜓可以两人或多人一起玩耍，以竹蜻蜓飞的时间长者为胜。

参考文献

1. 卢志成、杜光宁：《民国时期梅州足球之乡形成的社会动因》，《体育文化导刊》2014 年第 3 期。

2. 杜光宁、卢志成、李仕达：《现代足球强国发展的历史经验及其对梅州足球的启示》，《嘉应学院学报》2014 年第 5 期。

3. 何尚武：《客家传统文化对“客都”梅州基础教育发展的影响分析》，《嘉应学院学报（哲学社会科学版）》2011 年第 3 期。

4. 徐秀丽：《民国时期民间组织的制度环境》，载俞可平等：《中国公民社会的制度环境》，北京：北京大学出版社 2006 年版。

5. 蔡勤禹：《近代中国民间组织——民国华洋义赈会个案研究》，华东师范大学博士后研究工作报告，2003 年。

6. 温戚光：《足球魂：风雨强民七十秋》，广州：花城出版社 2003 年版。

7. 梁式文：《华侨与中国经济/华侨问题专号》，上海：长风书店 1937 年版。

8. 广东省地方史志编纂委员会编：《广东省志・华侨志》，广州：广东人民出版社 1996 年版。

9. 复生编：《梅县要览》，梅县：新中华书局 1940 年版。

10. 张学基：《梅县人民体育场的今昔》，《梅县文史》1986 年第 9 期。

11. 陈达：《南洋华侨与闽粤社会》，北京：商务印书馆 1938 年版。

12. 温集祥：《回忆彭精一与梅县足球》，《梅县侨声》1993 年第 4 期。

13. 五华县地方志编纂委员会编：《五华县志》，广州：广东人民出版社 1991 年版。

14. 邓小勇：《客家传统体育及其文化特征》，《嘉应学院学报（哲学社会科学版）》2004 年第 4 期。

15. 许晓容：《近代梅州客家体育文化发展原因初探》，《广州体育学院学报》2008 年第 4 期。

16. 张允蚌、张齐斌：《赣南闽西客家体育文化初探》，《河北体育学院学报》2007 年第 1 期。

17. 郭善强：《闽西客家体育文化研究》，《南京体育学院学报（自然科学版）》2012 年第 3 期。

18. 汪凌：《我国少数民族传统体育的文化特征、功能与发展研究》，《成都体育学院学报》2009 年第 10 期。

19. 宋卫：《试论少数民族传统体育的形成及特征、功能》，《山东体育学院学报》2006 年第 4 期。

20. 吴玉华：《客家体育：中华传统民俗体育》，北京：中国经济出版社 2007 年版。

21. 高毅、陆丰：《从古老的游戏到体育表演》，北京：中国人民大学出版社 2006 年版。

22. 王斌：《中国古代体育项目志之民间体育》，北京：中国社会科学出版社 2013 年版。

23. 龚坚主编：《体育游戏与健康》，重庆：西南师范大学出版社 2004 年版。

24. 郑志步等主编：《大众趣味体育竞赛游戏》，北京：龙门书局 2014 年版。

25. 姚维国编：《体育游戏》，北京：人民体育出版社 2012 年版。

26. 徐向军主编：《学校体育游戏与学生体能发展》，北京：北京体育大学出版社 2014 年版。

27. 关槐秀主编：《民族传统体育游戏》，北京：北京体育大学出版社 2006 年版。

28. 蒋蓝编著：《老游戏》，重庆：重庆大学出版社 2008 年版。

29. 王文宝：《中国民间游戏》，北京：华龄出版社 2010 年版。

30. ［日］茨木惇辅等著，乐云等译：《学校体育游戏大全》，杭州：浙江科学技术出版社2010年版。

31. 李明强等主编：《中外体育游戏精粹》，北京：人民体育出版社1998年版。

32. 刘魁立等：《民间游戏与竞技》，北京：中国社会出版社2011年版。

33. 盛琦：《民俗传统少儿游戏集锦》，北京：北京体育大学出版社2013年版。

34. 张允蚌、钟晓华：《客家体育文化与赣南地区农村学校体育课程整合的研究》，《体育成人教育学刊》2007年第1期。

35. 杜熙茹、陈耀佳：《我国传统文化在假日体育旅游中的和谐共享——以南海西樵山对南狮的策划为例》，《哈尔滨体育学院学报》2008年第1期。

36. 韦晓康：《试析民族传统体育文化旅游资源的开发和利用》，《中央民族大学学报》2004年第2期。

37. 吴玉华、冯志敏、曾飙：《客家体育的特征与功能》，《山西师大体育学院学报》2005年第4期。

38. 卢志成、徐东锋、叶佳春、曾桓辉：《“球王”李惠堂及其足球理念——兼论对中国足球发展的启示》，《嘉应学院学报》2010年第2期。

39. 刘志民、虞重干、丁燕华、平杰：《上海竞技体育历史之研究》，《体育科学》2004年第12期。

40. 中华全国体育协进会编：《中华全国体育协进会》，《中华全国体育协进会年刊》1925年第1期。

41. 李惠堂：《回首二十年》，载政协广东省五华县委员会文史资料研究委员会编：《五华文史——球王李惠堂专辑》，1990年。

42. 李惠堂：《足球经》，载政协广东省五华县委员会文史资料研究委员会编：《五华文史——球王李惠堂专辑》，1990年。

43. 国家体委体育文史工作委员会、中国足球协会编：《中国足球运动史》，武汉：武汉出版社1993年版。

44. 李惠堂：《球圃菜根集》，载政协广东省五华县委员会文史资料研究委员会编：《五华文史——球王李惠堂专辑》，1990年。

45. 李惠堂：《球人座右铭》，《体育文化导刊》1991年第3期。

46. 丘权政主编：《客家与近代中国》，北京：中国华侨出版社1999 年版。

47. 池子华：《中国流民史·近代卷》，合肥：安徽人民出版社2001 年版。

48. 王亚强：《客家武术文化渊源考——依据广东梅州客家人所从事的武术内容与形式来探讨客家武术渊源》，华南师范大学硕士学位论文，2008 年。

49. 程志远、王洁玉、林子雄、谢维怀整理：《乾隆嘉应州志》，广州：广东省中山图书馆古籍部 1991 年版。

50. 梅县地方志编纂委员会编：《梅县志》，广州：广东人民出版社 1994 年版。

51. 丰顺县地方志编纂委员会编：《丰顺县志》，广州：广东人民出版社 1995 年版。

52. 蕉岭县地方志编纂委员会编：《蕉岭县志》，广州：广东人民出版社 1992 年版。

53. 广东省兴宁市政协文史资料研究委员会编：《兴宁文史》（第 22 辑），1997 年。

54. 邢力民：《兴宁的朱家教拳术》，载广东省兴宁市政协文史资料研究委员会编：《兴宁文史》（第 24 辑），1999 年。

55. 罗香林：《客家研究导论》，上海：上海文艺出版社 1992 年版。

56. 《朱家教》，网络孔子学院，http：//kungfu. chinesecio. com/article/2009 –09/25/content_68487. htm。

57. 邢力民：《钟家教拳师陈伯芗》，载广东省兴宁市政协文史资料研究委员会编：《兴宁文史》（第 24 辑），1999 年。

58. 谢如剑、许永集：《刘凤山派武术及其传人》，载中国人民政治协商会议大埔县委员会《大埔文史》编辑委员会编：《大埔文史》（第 6 辑），1987 年。

59. 邓佰真：《黄春楼与岳家教》，《梅州日报》，2010 年 1 月 1 日。

60. 梅县体育局主编：《梅县体育志》，2003 年。

61. 《客家武术馆》，《客家武术馆宣传画刊》，1994 年。

62. （清）刘锦藻编纂：《清朝续文献通考·卷八十八·选举考

五》，北京：商务印书馆 1955 年版。

63. 许友根：《武举制度史略》，苏州：苏州大学出版社 1997 年版。

64. 王霞：《中国武科举制度》，http：//www. bjdclib. com/dclib/subjectdb/exam/examlow/201001/t20100126_30450. html。

65. 王鉴文：《科举制及晚清兴宁选举记略》，载广东省兴宁县政协文史资料研究委员会编：《兴宁文史》（第 9 辑），1987 年。

66. 梅州市地方志编纂委员会编：《梅州市志》，广州：广东人民出版社 1999 年版。

67. 白眉：《状元李威光生平略及其传说》，载政协广东省五华县委员会文史资料研究委员会编：《五华文史》（第 1 辑），2002 年。

68. 中国人民政治协商会议广东省蕉岭县委员会文史资料研究室编：《蕉岭文史》（第 5 辑），1988 年。

69. 黄伟经主编：《客家名人录》（第 1 卷），广州：花城出版社 1992 年版。

70. 王宏斌：《清代前期海防：思想与制度》，北京：社会科学文献出版社 2002 年版。

71. 李木搜集：《乾隆皇帝的圣旨》，载政协广东省五华县委员会文史资料研究委员会编：《五华文史》（第 4 辑），1986 年。

后　记

本书为《岭南文化书系·客家文化丛书》之一，由两位丛书主编拟题，杜光宁负责策划、协调和统稿等，由杜光宁、卢志成、许晓容、廖玫、田海军五人共同完成。其中“客家体育与竞技”部分由杜光宁、卢志成执笔，“客家足球”、“客家之子：世界球王李惠堂”由卢志成、杜光宁执笔，“客家武术”、“客家武林人物”由田海军执笔，“客家民俗体育与竞技”由许晓容执笔，“客家民间体育游戏与竞技”由廖玫执笔。全书既有分工，又有互相配合，共同研究，是集体协作研究的结果。

本书内容以地方史志文献及编者的科研成果为支撑，在深入田野调查的基础上，参考其他学者的相关研究成果，结合编者多年的学术积淀编写而成。由于成果是学术研究基础上的通俗化，加之众手修书，风格不一，遗漏或不当之处在所难免，请读者谅解、指正。

本书在撰写过程中得到了两位丛书主编邱国锋教授、曾令存教授的悉心指导，也得到了梅州市体育界各位领导的关怀和嘉应学院客家研究院同仁及嘉应学院体育学院党总支书记徐东锋副教授的大力支持，笔者在此表示衷心的感谢！

编　者

2014 年 12 月